中國學術思想 研究輯刊

十三編

林慶彰 主編

第 25 冊

從勞思光的主體性觀念探究儒家思想之原型

陳逸郡 著

花木蘭文化出版社

國家圖書館出版品預行編目資料

從勞思光的主體性觀念探究儒家思想之原型／陳逸郡 著 — 初
版 — 新北市：花木蘭文化出版社，2012〔民101〕
目 2+136 面：19×26 公分
（中國學術思想研究輯刊 十三編；第 25 冊）
ISBN：978-986-254-808-0（精裝）
1. 勞思光　2. 學術思想
030.8　　　　　　　　　　　　　　　　101002175

ISBN-978-986-254-808-0

9 789862 548080

中國學術思想研究輯刊
十三編　第二五冊　　　　　　　ISBN：978-986-254-808-0

從勞思光的主體性觀念探究儒家思想之原型

作　　者　陳逸郡
主　　編　林慶彰
總 編 輯　杜潔祥
出　　版　花木蘭文化出版社
發 行 所　花木蘭文化出版社
發 行 人　高小娟
聯絡地址　新北市永和區中正路五九五號七樓
　　　　　電話：02-2923-1455／傳眞：02-2923-1452
網　　址　http://www.huamulan.tw 信箱 sut81518@gmail.com
印　　刷　普羅文化出版廣告事業
封面設計　劉開工作室
初　　版　2012 年 3 月
定　　價　十三編 26 冊（精裝）新台幣 42,000 元

從勞思光的主體性觀念探究儒家思想之原型

陳逸郡　著

作者簡介

陳逸郡，臺灣高雄人，1985 年生。
2007 年中國文化大學哲學學士
2011 年中國文化大學哲學碩士

提　要

　　直至現今，學術界對於勞思光儒學觀的討論，材料似乎只鎖定在其代表作《中國哲學史》。筆者認為，若只把焦點集中於此，必定造成「只掌握一半」的後果，即只能掌握勞思光用「心性論」解釋儒學的一面，而忽略其用「引導型」解釋儒學的另一面。如此一來，既然沒有從更周延的角度來理解其儒學觀，就想作進一步的補充、批判，甚至超越，都是有待商榷的。

　　對此，本論文旨在提供學術界對於「如何理解勞思光儒學觀」的一個具體建議，即「理論設準研究法」的提出。簡言之，即從「勞思光的主體性觀念」衍伸的「文化精神」、「自我境界」、「世界觀」、「價值根源」、「道德心境域」五個問題設準，探究「儒家思想之原型」，該原型乃儒家「心性論」與「引導型」的合一，這是本論文的研究成果和用心。

目次

第一章 導 論

　　從哲學領域來看，儒學是什麼？若此問題是可以且值得被討論的話，則必須滿足下列兩項條件：

　　第一：儒學必須能在哲學領域裡彰顯其特性。

　　第二：儒學必須能在哲學領域裡彰顯其功能。

第一項條件涉及「哲學定義」問題，第二項條件則涉及「哲學功能」問題。

　　就第一項條件而言，所謂「特性」蘊涵「不能被取代」的意義，否則「儒學之所以為儒學」的問題即無法成立，故找出某種「特性」，使儒學作為一門獨立的學說成為可能，則其「可以」被討論，是不言而喻的。

　　然而「可以」被討論的學說，並不非得要從「哲學領域」來看。譬如，我們可從民俗學或宗教學領域來看儒學，找出其特性。簡言之，我們可以不把儒學視為一種哲學理論，仍可以把儒學劃歸於其它學問領域來處理。〔註1〕

〔註1〕勞思光著，《新編中國哲學史》（三下），頁 835 至 836 云：「歐美學人研究中國哲學思想，多半只是從事一種了解事實的工作。……他們並不關心中國哲學思想中那些部分『有價值』或『有意義』，也不想考慮某些學說是否能成立，而只是把這些資料當作中國人的『民俗』的一部分來作『描述的分析』（descriptive analysis）。換言之，他們只想對於『中國人有些什麼想法』，『中國人怎樣會那樣想』，以及『這些想法發生過什麼影響』等等多一些了解：並不將中國哲學思想當成一種理論或主張，而衡量其長短得失。……中國哲學研究，在歐美始終未獲『獨立』的地位。談論中國哲學思想的人雖不少，但或者當作古史研究，或者當作民俗研究，或者當作宗教研究；總之，並不當作『哲學』來研究。」共三卷四冊，臺北市：三民書局股份有限公司，2006 年 5 月重印 2 版 3 刷。勞思光著，《虛境與希望——論當代哲學與文化》，頁 11 亦云：「所謂『中國哲學』，在西方學人看來，並不屬於哲學。他們研究中國文化時，會附帶將中國的哲學思想看成一個附屬科目。而這種研究工作，

可知它雖是「可以」被討論的，但結果必定不是一種哲學理論，這是顯而易見的。〔註2〕其實，「儒學之所以爲儒學」的問題，皆可被任何學問領域所處理，不專屬於哲學所有。依此，若有人主張「儒學」不能算是一種哲學理論，顯然並非悖理，因該主張的意義是說，「儒學」確是一門獨立的學說，只不過與哲學無關。故我們若要主張儒學與哲學有關，則必須用嚴謹的態度「舉證」，〔註3〕不能單靠信念的態度避開問題。

就大方向而論，則涉及歷來對於「中國哲學是否爲哲學」的問題之爭論。唯有解決此問題，得出「中國哲學確爲哲學」的結論，作爲中國哲學部門之一的「儒學」，才可從「哲學領域」來看。

然則，欲解決上述問題，我們必須面對一個更根本的問題：哲學是什麼？這雖是爭議很大的問題，或是根本無法有正確答案的問題，但我們仍須面對它。畢竟，對某問題採取避而不談的態度，並不能使該問題消失不見。若不以嚴謹的態度重新思考此問題，則所謂「中國哲學」即難確立，而隸屬其內的「儒學」，從「哲學領域」來看，將有無從談起之苦。

對此問題，勞思光以「實指定義法」嘗試解決，簡言之，即先預認「哲學」爲「探求最後真相」的學科，接著由其內部找出有此特性的部門有哪些，最後將「哲學」作爲這些部門的「總名」。〔註4〕至此，我們對「哲學是什麼」

可說是近於民族學或民俗學的研究。說清楚些，這樣研究中國哲學思想，只不過要了解這個民族『事實上』有些什麼流行的想法，而不考慮『理論上』是否能成立。……宗教研究則可用史密士（Huston Smith）作爲一個代表。史密士在《人類之宗教》（The Religions of Man）一書中，將『儒』與『道』兩家都當成宗教看，與印度教、佛教、回教、猶太教、基督教並列。」《思光學術新著之二》，香港：中文大學出版社，2003年。

〔註2〕 此爲筆者開頭特別標明「從哲學領域來看」的理由所在。明確地講，我們必須先承認「儒學」在「哲學領域」下是「可以」被討論的學說。接著，以此領域作爲進路，嘗試找出儒學的特性（嚴格地講，可稱之爲「哲學性」）所在。唯有找出此特性，「儒家思想之原型」的討論才能成立。

〔註3〕 勞思光著，《新編中國哲學史》（一），頁384云：「所謂『舉證』，其方式是隨所涉的論斷而不同的。例如，一個論斷涉及某種性質（或具有性質的事物）之『存在』時，我們可以要求提論斷的人將這種性質或事物指出來給我們看；因爲，一論斷既然涉及『存在』，則這種『舉證』應是可能的。」共三卷四冊，臺北市：三民書局股份有限公司，2008年10月重印3版5刷。明確地講，我們要提出「儒學與哲學有關」的論斷時，表示「兩者的關係」是「存在」的，故「舉證」即爲提此論斷的人應負之責任。

〔註4〕 勞思光著，《哲學淺說新編》，頁12至14云：「實指定義法……是通過『個體』來界定『類』的。……以『人』這個概念作例子來說，……則我們只指著實

的問題已有初步共識。〔註5〕接著，進一步的問題：中國哲學是否爲哲學？勞思光從「實指定義法」出發，以作爲哲學部門之一的「心性論」來回應：

> 中國與印度的哲學有一個特殊的部門，是西方哲學中沒有的，那就是「心性論」。「心性論」和西方的道德哲學相似而實不相同。雖然二者都是關涉道德問題的，可是「心性論」所講求的是實踐中道德人格的完成，所以它不是像西方道德哲學那樣只主一套概念結構。人「了解道德」與「有道德」完全是兩回事。好像「彈琴」與「解釋樂理」是兩回事一樣。這裡可以看出東西方文化精神的差異來。如果我們說，只有合乎西方模型的哲學才算是哲學，則我們也可以說心性論大半不是哲學。但如果我們是以「對最後眞相的探索」爲哲學的特性，則我們不能不承認心性論也代表一種合乎哲學原意的工作；不過它所涉及的「最後眞相」是這個「自覺的自我」的眞相而已。〔註6〕

依此，我們對「中國哲學是否爲哲學」的問題已有初步共識。簡言之，從「實

際存在的個別的人說：『人』就指這個。因爲這是『指』著『實際』的個體來界定一個類，所以稱爲『實指』。……我們可以先將每一階段中研究『最後眞相』的學科舉出來，然後我們以『哲學』這個字眼作爲這些學科的總名或總稱。……（一）宇宙論（二）形上學（三）道德哲學（包括倫理學）（四）神學（五）方法論（六）知識論（七）文化哲學（八）邏輯解析……（九）心性論……依實指的定義法看，『哲學』就可以解釋成一個個研究最後眞相的學科的總名。」《思光學術論著新編》（四），共 13 卷，香港：中文大學出版社，2000 年 1 版 2 刷。明確地講，雖然各個學說皆以其自身選擇的途徑建構「最後眞相的內容」不同，但以探求「最後眞相本身」爲目的則同。進而言之，我們雖然無法知道「眞理本身」，但我們可以選定「探索眞理的途徑」，由此出發，嘗試「描述眞理」，即使一來最後得出的內容不能完全等同「眞理本身」，二來由於每個人自身選擇探索途徑的不同，導致對「眞理本身」的看法不同，但仍不妨礙這些不同的探索途徑皆有「共同目的」，即以「探索眞理本身」爲目的。此爲「實指定義法」的正面意義。

〔註5〕 誠然，這種答案無法使每個人接受，故我用「初步共識」一詞，作爲預認的暫時解答，以合乎本論文闡述的進程，目的是藉此逐步逼近「儒家思想之原型」的主題。

〔註6〕 勞思光著，《哲學淺說新編》，頁 47 至 48。依此，「心性論」是一門探究「自我」的哲學理論，但此「自我」必須從「主體性」觀念來理解，與日常語言所用的「自我」意義不同。另外，有關「了解道德」與「有道德」的不同，勞思光著，《新編中國哲學史》（一），頁 144 云：「孔子認爲意志本身之純化，遠較認知重要。此又與希臘哲學中蘇格拉底之思想有異。蘇格拉底以爲『道德即知識』，忽視意志本身之問題，孔子則以意志本身爲主，而不重視認知。」

指定義法」出發，我們找出哲學部門之一的「心性論」爲「中國哲學」特有
的理論模型，則作爲中國哲學部門之一的「儒學」，是一門選擇以「自覺的自
我」或「主體性」觀念爲探求「最後眞相」的途徑之學說。故從「哲學領域」
來看，其特性爲「心性論哲學」或「以主體性爲中心的哲學」，〔註7〕則儒學
在「哲學領域」下是「可以」被討論的學說，是顯而易見的。如此，即可滿
足第一項條件。

就第二項條件而言，任何有其自身特性的學說在哲學領域下「可以」被
討論是一回事，某一學說能否彰顯其功能而在哲學領域下「值得」被討論又
是另一回事。換言之，儒學能否通過「哲學定義」而被視爲一種哲學理論，
與其具備什麼樣的「哲學功能」能否在現今世界裡發揮影響力大異其趣。

就大方向而論，當我們承認「中國哲學確爲哲學」的結論時，只是從實
然層面的描述態度來處理，並未涉及「中國哲學有何功能」的問題。若要處

〔註7〕 參閱勞思光著，《新編中國哲學史》（三上），頁66，共三卷四冊，臺北市：
三民書局股份有限公司，2007年1月重印3版4刷。牟宗三著，《中國哲學
的特質》，頁4亦云：「中國既然確有哲學，那麼它的型態與特質怎樣？用
一句最具概括性的話來說，就是中國哲學特重『主體性』（Subjectivity）與
『內在道德性』（Inner-morality）。中國思想中的三大主流，即儒釋道三教，
都重主體性，然而只有儒家思想這主流中的主流，把主體性復加以特殊的
規定，而成爲『內在道德性』，即成爲道德的主體性。」《牟宗三先生全集》
（28），共32卷，臺北市：聯合報系文化基金會，2003年4月初版。可見，
以「主體性」觀念來詮釋儒家的道德心性之學，向來是當代儒學研究者的
共法，參閱鄭宗義撰，〈心性與天道——論勞思光先生對儒學的詮釋〉，收
錄於劉國英、張燦輝合編，《無涯理境——勞思光先生的學問與思想》，頁
67，香港：中文大學出版社，2003年。故以「主體性」觀念解釋儒學並非
勞思光的獨創。但這些儒學研究者如何理解「主體性」觀念？就勞思光與
牟宗三而言，兩者是否同中有異？是值得後代儒學研究者探究的課題。擴
大地講，馮耀明曾就錢穆、唐牟、勞思光三者對儒學的態度作一區分，大
意是說：錢穆認爲不應以西方哲學的觀念來詮釋儒學，故在立場上與後兩
者相左，但肯定以「天人合一」的思想作爲中國文化的精義所在，則與唐
牟相同；而勞思光並不反對中西會通的嘗試，此與唐牟相同，但對錢穆、
唐牟兩者皆肯定的「天人合一」思想卻持強烈質疑的態度。參閱馮耀明撰，
〈勞思光與新儒家〉，收錄於同上，頁88至89。可是勞思光質疑「天人合
一」思想是就個人評價而言，並不是說「天人合一」思想「不存在」。在中
國哲學史上，「天人合一」思想的「存在」爲不可否認之事實是一回事，但
對此「事實」持什麼態度又是另一回事。顯然，錢穆、唐牟在評價上持肯
定態度，勞思光則持否定態度。這種實然與應然的界限必須劃分清楚。也
就是說，若有人欲從實然義的「天人合一思想向來存在」，反駁勞思光從應
然義質疑「天人合一」的思想是站不住腳的。

理此問題，則須以應然層面的評價態度來處理。對此兩面問題，勞思光說：

> 「哲學定義」的問題，如取「本質定義」的意義，則可以不談（因
> 爲可代之以「實指定義」）；但「哲學功能」的問題，卻是不能不談
> 的。無論持什麼理論立場談哲學，總不能不對「哲學能做什麼」一
> 問題作某種決定；……對於哲學功能……我認爲哲學常常包含兩部
> 分；一部分屬於「強迫性的知識」一面，另一部分則屬於「主張」。
> 如果只包含前一部分，則它就與科學知識的模型極相近；但若涉及
> 後一部份，則它就要求一種對人生有指引作用的功能。……我的意
> 見是：哲學不僅提供一種知識，而且常常提供一種人生態度；……
> 這樣，我眼中的哲學，便應有兩種功能；其一是知識一面的，其二
> 則是屬於主張一面。談到中國哲學，只要我們面對歷史來講話，我
> 想誰也不能有好理由否認中國哲學一向偏重人生態度一面。儘管當
> 某個哲學家提出某種人生態度的時候，自然必須舉出一些理據——
> 因此就涉及知識，但基本上中國哲學是一種以「主張」爲重的哲學。
>
> 這可稱作：“PHILOSOPHY AS PROPOSAL”。〔註8〕

依此，我們對「中國哲學有何功能」的問題已有初步共識。簡言之，從「哲學的兩大功能」出發，我們找出哲學功能之一的「主張」爲「中國哲學」的主要功能，則作爲中國哲學部門之一的「儒學」，自然也是一套以「主張」爲其功能的學說，用勞思光的話講，即「引導型哲學」，以「轉化意識」爲思考動力的哲學理論，特色是偏重於「改變世界」或「價值」一面，其與「認知型哲學」分別之處，是以「認知意識」爲思考動力的哲學理論，特色是偏重於「了解世界」或「知識」一面。〔註9〕

〔註8〕　勞思光著，《新編中國哲學史》（三下），頁 837 至 838。

〔註9〕　勞思光著，《中國文化路向問題的新檢討》，頁 26 云：「哲學思想基本上有
　　　　兩大類型：第一種類型主張哲學提供人特別的知識，這個知識是別的學問
　　　　無法提供的，但又爲它們所需要。這是歐洲希臘以來的哲學傳統。這個傳
　　　　統的極端形式，即認爲一切問題最終都可以化爲一知識問題（Plato 即說過
　　　　Virtue is Knowledge），此即認知的（cognitive）哲學。另外一種類型的哲學
　　　　儘管也講知識上的問題，但根本目的不在提供一種知識，而是企圖改變你，
　　　　使你從現實的狀態向另一個狀態轉化，此即引導的（orientative）哲學。」
　　　　臺北市：東大圖書股份有限公司，中華民國 82 年 2 月初版。若用英文的專
　　　　有名詞來指涉此兩型哲學，則「認知型哲學」爲 Cognitive Philosophy，「引
　　　　導型哲學」爲 Orientative Philosophy，參閱吳有能著，《百家出入心無礙——
　　　　——勞思光教授》，頁 56，臺北市：文史哲出版社，中華民國 88 年 4 月初版。

　　若我們承認在人與人相處的日常生活中，除了「知識的傳達」一面之外，尚有「價值的溝通」一面，兩者構成人類生活世界中的兩大要素，缺一不可，則觸及其中一面的「儒學」，在「哲學領域」下是「值得」被討論的學說，亦是顯而易見的。如此，即可滿足第二項條件。

　　經由以上析論，我們對「儒學」的初步認識，可歸納為以下兩點：

第一：儒學是以「自覺的自我」或「主體性」觀念為課題的學說，就「哲學定義」而言，即「心性論哲學」。

第二：儒學是以「轉化意識」為思考動力的學說，就「哲學功能」而言，即「引導型哲學」。

　　然則，這只是說「心性論」與「引導型」構成「儒學」的兩大特色，並不是說「心性論」與「引導型」等同於「儒學」，兩者不可混淆。故進一步的問題是：當我們從「心性論」與「引導型」來看「儒學」時，它有何特殊內容？此則涉及「儒家思想之原型」。至此，即可略述本論文的研究動機與目的。

　　本論文的題目為：從勞思光的主體性觀念探究儒家思想之原型；問題意識則為：儒家的「心性論」與「引導型」哲學的特殊內容為何？

　　就研究動機而言，直至現今，雖然學術界對勞思光的儒學觀已有不少討論，但有關對其儒學觀作系統探究的論文，仍如鳳毛麟角。究其原因，在於大多數學者往往只見勞思光用「心性論」解釋儒學的一面，忽略其用「引導型」解釋儒學的另一面。筆者認為，這或許是選定題目所涉及理論範圍的限制所致，但他們未觸及另一面，則是事實，故對勞思光的儒學觀只知一半，未能一窺全貌，實不在話下。

　　就研究目的而言，本論文旨在提供學術界對於「如何理解勞思光儒學觀」一個具體建議，即「理論設準研究法」的提出，此構想來自吳有能對其代表作《中國哲學史》作出如下的評價：

　　　　民國初年以來《中國哲學史》的著作本來就不多，胡適之先生的沒
　　　　有寫完，馮友蘭先生是寫完了，其成就大家也都有定評，勞先生的
　　　　書不但是寫完了，還有一個很特別的地方就是方法意識，是前人寫

有關 Philosophy as proposal，勞思光著，《思光人物論集》，頁 84 云：
「Philosophyas proposal 直接牽涉的是目的性問題，若從目的性往進一步推，就通到所謂自覺性、自主性這一套觀念。」《思光學術論著新編》（十二），香港：中文大學出版社，2001 年。此自覺性、自主性可與「自覺的自我」相通，與「主體性」觀念相應。

中國哲學史所沒有的，這在中國哲學的發展史上，我呼籲應記上一筆。〔註10〕

可見，若要深入理解勞思光的儒學觀，就必須從其「方法意識」下手，所謂「理論設準」即此意識的具體化。進一步的問題是：勞思光的「方法意識」之立足點為何？如題目所言，即「主體性」觀念，由此找出其探究儒學的「理論設準」為何，以「心性論」與「引導型」為線索，建構其「儒家思想之原型」。

既然勞思光以「主體性」觀念為其「方法意識」的立足點，他如何論證「主體性」觀念？則是不可略過的問題。但至今很少有人作嚴格探究，〔註11〕充其量僅對其「自我境界」諸觀念提出意見。〔註12〕但我們必須明白，「主體

〔註10〕吳有能著，《百家出入心無礙——勞思光教授》，頁104。另可參閱鄭宗義撰，〈心性與天道——論勞思光先生對儒學的詮釋〉，收錄於劉國英、張燦輝合編，《無涯理境——勞思光先生的學問與思想》，頁60至66。

〔註11〕相關論文，可參閱張燦輝撰，〈勞思光先生早期思想中的自我問題〉，收錄於劉國英、張燦輝合編，《無涯理境——勞思光先生的學問與思想》，頁29至37。

〔註12〕有關對勞思光提出自我境界問題設準的意見，高柏園撰，〈論勞思光先生之基源問題研究法〉，收錄於《鵝湖學誌》第十二期，頁73云：「今姑不論將道家歸為情意我是否恰當，即就此設準的周延性或統一性而言，既將儒家歸為德性我，試問：中國大乘佛教之唯識、華嚴、天台諸家之自我境界又將何屬？形軀、認知、情意顯非佛教之自我的重心，而德性我又歸給儒家，除非泯除儒佛之差異，否則便無法合理安頓佛教之自我。」東方人文學術研究基金會・中國哲學研究中心，1994年6月。其實，中國佛教三宗的「自我境界」是「德性我」，勞思光著，《新編中國哲學史》（二），頁299至300云：「就大處而論，佛教自與任何其他學派，在理論及精神方向上根本不同。但專就中國佛教所強調之特有觀念（即為印度佛教所不甚重視或未明確決定者）而論，則至少有兩點，仍是接受中國本有之哲學思想或價值觀念之影響者。其一是德性之『自由』觀念，其二是德性之『不息』觀念。……德性之自由乃中國觀念，非印度之普遍觀念也。但中國佛教三宗，對此點皆採取中國式之肯定。」共三卷四冊，臺北市：三民書局股份有限公司，2007年1月重印3版4刷。此處問題關鍵為：若儒佛於「自我境界」上皆是「德性我」時，表示兩者無差異嗎？我們必須明白「形式義」與「內涵義」不同，從「形式義」來看儒佛皆為「德性我」是一回事，從「內涵義」來看儒佛的「德性我」兩者是否有內容上的差異又是另一回事。若不掌握此處的理論分寸，則道家與「原始佛教」皆為「情意我」。參閱同上，頁196。這表示兩者沒有差異嗎？顯然不是，因在「內涵義」上，儒釋道三家皆明顯不同，我們不應執著於「形式義」的相同而忽略「內涵義」的不同，否則，將落入概念遊戲而不自知。最後須補充者，若從「心性論」與「引導型」來看儒佛的「德性我」將至為明顯，儒佛「形式義的德性我」相同是就「心性論」而言，而儒佛「內涵義的德性我」不同則就「引導型」而言，這是高柏園只能觸及勞思光儒學觀一半的旁證。

性本身」與「對主體性內容的描述」是兩回事，不可相提並論。換言之，「自我本身」不等同於「自我境界」。故在理論程序上，要嚴格探究勞思光的儒學觀，其對「主體性」觀念的論證是首須探究的課題，接著才能進至探討「心性論與引導型」兩面，以「理論設準」作為進路，探究其儒學觀。

　　無論如何，此「原型」是以勞思光的「一家之言」為主，也就是「儒家思想之原型」不能與其哲學立場分開，這是本論文在「研究哲學家」的途徑下所涉及「理論範圍」的限制，要明辨清楚。至於本論文所涉及「理論範圍」為何？「理論設準研究法」究何所指？以下依次析論之。

第一節　釋　題

　　所謂「釋題」，即對題目所涉理論範圍與重要詞語的解釋。此解釋之所以必要，可涉及表達與理解兩者的關係問題。我們要知道，表達任何一種理論時，「表達者」須自覺地明白自己所表達的理論是什麼，換言之，他必須明確「理解」自己所「表達」出來的理論，若在「理解」的過程中無法說服自己，則必須不斷修改，直至能夠「理解」為止，才能夠正式將該理論「表達」出來，與其它「理解者」討論，此即哲學活動中「反思」的重要性。若不重視理論建構過程中的嚴格性，只是一味要求他人接受自己的主張，則不是「表達者」應有的態度。誠然，或許某一理論確實具嚴格性，只是礙於「理解者」的學力不足，導致對該理論的宗旨不能完全掌握，甚至有所誤解，但這與「表達者」無關，其責任只是將自己建構的理論表述清楚，至於「理解者」的責任，則是明確掌握他人所表達的理論，唯有如此，進一步的批判、補充，甚至超越才有可能。但本節重點只在「表達」一面，故「釋題」的意義是相關於「表達者」的，以下就「理論範圍」與「重要詞語」兩部份析論之。

一、理論範圍的確立

　　所謂「理論範圍」，勞思光說：

> 我們作一注目點的擇定，即決定一理論範圍；相干不相干皆隨理論
> 而決定。我們所擇定的注目點，自然不表示所涉對象的全部；因之
> 本質一詞所涉的範圍，亦不一定是整個對象的本質；我們以身長為
> 注目點而觀察兩個嬰兒，我們即擇定一理論範圍；隨此擇定，則以

決定身長的因素為本質的；姓王及父親職業等等成為不相干的事
實。倘若另擇定一注目點，則情形自然不同。〔註13〕

依此，本論文題目的「注目點」，也就是「勞思光的主體性觀念」，由此探究
「儒家思想之原型」，故於「理論範圍」上即被前者限定，若跳脫此範圍，將
失去主題而輕重不明，終究越說越遠〔註14〕，不知道自己所「表達」的為何。

　　就理論範圍而言，本論文主要分為三個部份：第一部份為「勞思光的主
體性觀念與其衍伸的理論設準」（第二、第三章），第二部份為「儒家引導型
與心性論哲學的特殊內容」（第四、第五章），第三部份則為「儒家思想之原
型的證成」（第六章）。故就論述程序來說，必須先討論「主體性」觀念，接
著分別探究「引導型」與「心性論」，最後反思「儒家思想之原型」如何可能。

　　雖然上述提到本論文題目的「注目點」為「勞思光的主體性觀念」，以此
限定其「理論範圍」，但就「重要詞語」而論，首要解釋者乃「原型」這個詞
語，原因有下列三點：

　　第一：因站在「理解者」的立場，當他看到本文題目時，或許能大致理解
　　　　　「勞思光」、「主體性」、「儒家思想」這三個詞語的意涵，卻不一定
　　　　　能夠理解「原型」的意涵，故「原型」意義的解釋是首要之務。

　　第二：「原型」是筆者所提出，非勞思光使用的詞語，故應在導論裡優先解
　　　　　釋。然則，對此詞語的解釋，仍須以勞思光自身的觀點為進路，即
　　　　　上述所提及的「心性論與引導型」兩者，否則會有喧賓奪主之嫌。

　　第三：須分辨者，即「注目點」與「理論成果」不能等同。換言之，「勞
　　　　　思光的主體性觀念」是本論文所擇定的「注目點」；「儒家思想之
　　　　　原型」才是本論文所要建構的「理論成果」。在重要性方面，後者
　　　　　誠然大於前者，故對「儒家思想之原型」的解釋應先於「勞思光
　　　　　的主體性觀念」。

〔註13〕勞思光著，《哲學與歷史》，頁89，《思光少作集》（二），共七卷，臺北市：時
　　　　報文化出版企業有限公司，中華民國75年10月31日。

〔註14〕與「理論範圍」有關者，勞思光著，《新編中國哲學史》（三下），頁830亦云：
　　　　「由於這本書是『中國哲學史』，所以重點在於展示中國哲學思想的演變過
　　　　程，而不在於其中某一支某一派。因此，一切評述只能順著一條主脈進行。
　　　　許多在一般思想史中可以詳加討論的問題，或者在特殊學派的研究中應做詳
　　　　細析述的問題，在這本哲學史中則只能涉及其大略，甚至根本略而不談，這
　　　　是理論範圍及工作範圍的限制。倘若離開這種限制，則一本書就很可能失去
　　　　主題而輕重倒置了。」

二、原型意義的釐清

此處的討論進程，是先解釋「原型」的意義有哪些，再以「儒學」的詞語代入，解釋所謂「儒家思想之原型」。以下分三點逐步論析：

第一：就發生意義而言，「原型」是「始點」，即「開始」的意義。落至「儒學」來講，則可用「先秦儒學」表示，以別於後來的「兩漢儒學」、「宋明儒學」。但就勞思光的哲學史立場而言，他將「先秦儒學」裡的荀子判爲旁支，不列入所謂儒學正統，〔註15〕故用「先秦儒學」代表「儒學的開始」則有問題。至此，必須換個說法，可用「先秦孔孟儒學」表示。

但「原型」只有發生意義可言嗎？若是如此，則題目改成「儒學的開始」或「先秦孔孟儒學」即可，不須用「原型」兩字。故「原型」的解釋除發生意義外，仍須另尋它途，此即轉至第二點。

第二：就本質意義而言，「原型」是「理論模型」，即「本來面目」的意義，落至儒學來講，則可用「心性論」表示，以別於後來的「宇宙論」、「形上學」，換言之，即「以主體性爲中心的哲學」與「以客體性爲中心的哲學」兩者的不同。若將此本質意義與上述的發生意義合而觀之，則所謂「原型」，即爲「先秦孔孟心性論儒學」。

以上皆只從靜態義解釋「原型」，故進一步的問題是：「原型」只有靜態義可言嗎？若是如此，則動態義的「演變或發展」如何安頓？嚴格言之，只以靜態義來解釋「儒家思想之原型」，範圍自然限於「先秦孔孟心性論儒學」，而導致「兩漢儒學」與「宋明儒學」兩者在此「靜態義的原型」下皆成爲被排斥者。此中原因，在於上述「原型」的發生意義只涉及「思想的開始」，不涉及「思想的完成」。若只有「開始」沒有「完成」，則思想的「演變或發展」在此意義下成爲不能探究的課題。〔註16〕但拋棄此課題，「儒家思想之原型」終究只有「部份」沒有「整體」，只涉及「先秦」，後面缺「兩漢」與「宋明」兩段，無法涉及「理論的完成」。

有鑑於只從靜態義解釋原型時可能導致的弊病，故對「原型」的解釋仍須作更進一步的探索，即從動態義來解釋原型，此即轉至第三點。

第三：就理論的開始與完成而言，「原型」是某一哲學理論在歷史演變中

〔註15〕參閱勞思光著，《新編中國哲學史》（一），頁 315 至 329。

〔註16〕「不能探究」是指靜態原型意義下理論範圍的「不涉及」，而非指其「不存在」，此中分寸，須明辨清楚。

代表創造義的「萌芽時期」，與代表發揮義的「成熟時期」兩者之合一。易言之，所謂「儒家思想之原型」即「先秦孔孟心性論的萌芽時期」與「宋明陸王心性論的成熟時期」兩者之合一。

如此一來，發生意義與本質意義皆可收攝至第三點的原型意義，不同於第一點，這裡的發生意義不僅有「開始」也有「完成」，故上述「演變或發展」的安頓問題由此獲得解答。另外，此發生意義必須與本質意義合一，因某一哲學理論在歷史的發展演變過程中，皆不能拋棄該理論特有的本質，落至儒學來講，即「心性論」是不可拋棄的，否則不能稱之為「儒學」。

然而，某一哲學理論在歷史的發展演變過程中，不會一直處於「步步上升」的情況，蓋在實際歷史情境中，總會由於某些內、外因素造成該哲學理論有「退化」之趨勢，就儒學來講，如勞思光對「兩漢儒學」的評價即明顯證據，〔註17〕故這裡的發展演變不可與「進步」混淆，而導致「兩漢儒學」在此「步步上升」的意義下成為被排斥者，則「儒家思想之原型」仍然只有「部份」沒有「整體」，只涉及儒學中的「先秦」與「宋明」，中間缺「兩漢」一段。此中原因，在於執著某一哲學理論在歷史發展演變中必是「步步上升」的觀點，依此，「動態」的意涵必須嚴格界定。筆者以「有升有降」代替「步步上升」，以此統攝先秦、兩漢、宋明儒學的發展與演變過程。換言之，「有升」是就先秦孔孟與宋明陸王的關係而言；「有降」是就先秦孔孟與兩漢董仲舒的關係而言。

將上述「有升」與「有降」兩者合而為一，即可稱之為「儒家思想之原型」。但必須強調的是，此「原型」非本論文題目的「原型」，因它同時涉及「勞思光的主體性與客體性觀念」（包括宇宙論、形上學、心性論）。也就是說，唯有扣緊「勞思光的主體性觀念」（心性論），才是筆者所要探究的「儒家思想之原型」，該原型就是本論文的理論成果（這兩種原型的不同，留待本論文第二部份再談）。至於如何建構此理論成果？則涉及上述提及的「理論設準研究法」。

第二節　理論設準研究法

凡研究任何主題，研究者應要求自己對所研究的主題有自覺地掌握，換言之，必須對自己選定的「研究方法」具備一定程度的理解，否則，將會產

〔註17〕參閱勞思光著，《新編中國哲學史》（二），頁21至28。

生拼湊材料的弊病，終究淪於不知所云。筆者選定以「勞思光的主體性觀念」
所衍伸的「理論設準」作爲本論文的研究進路，即「理論設準研究法」。但在
闡析此法前，必須了解「方法」的基本意義，勞思光說：

> 「方法」總是含有一普遍性的。……這種普遍性的範圍可以有種種不
> 同。譬如說：「寫政治論文的方法」的時候，那種「方法」的普遍性
> 就只能及於「政治論文」的範圍，而不能及於一切「論文」的範圍。……
> 「普遍性」與「一般性」是「方法」的特性之一。其次，凡是一種方
> 法，它必定不能離開一種「有目的性的活動」。因爲一說方法，總是
> 就達成某一目的說。例如……「寫論文的方法」一語中，「寫論文」
> 就是一種有目的性的活動──目的是寫好一篇論文。而且就「方法」
> 的作用講，它一定是在你作這種活動的過程中用的。因此，我們說：
> 「方法」的另一特性是「與目的性活動不能分離」。……所謂「方法」，
> 本身是指活動者（例如人）在某種活動中，應該依循的一些條目。……
> 譬如，寫論文的方法，就是某幾項事，在「人寫論文」這種活動過程
> 中應該依循的。……總而言之……「方法是指作某種目的性活動者，
> 在其活動過程中應該依循的一些條目。」〔註18〕

依此，筆者是在「哲學論文」的要求下，提出一種「研究方法」，此方法固然
不能跳出「哲學領域」，否則不能稱之爲「哲學論文」。也就是說，「理論設準」
所關涉的問題必不能與「哲學領域」分開；從目的性活動來看，「儒家思想之
原型」是作爲本論文的理論成果而研究的對象。

　　誠然，我們可以選定不同的研究方法，建構出不同的「儒家思想之原型」。
但要如何研究？筆者從「勞思光的主體性觀念」來建構「儒家思想之原型」，
故後者在建構活動過程中與前者不可分。換言之，其理論範圍被前者限定，
故其理論成果必以「勞思光的主體性觀念」爲主軸，則是顯而易見的。

　　當我們將「勞思光的主體性觀念」作爲焦點探究「儒家思想之原型」時，
此焦點有何內容？這涉及「應該依循的一些條目」，這些「條目」成爲建構理
論過程時所應遵守的，即「勞思光的主體性觀念」下衍伸的「理論設準」。但
此處只言及「方法」的問題，「理論設準」留待後面再談。勞思光又說：

> 方法本身並無所謂眞假，只能說有效無效，方法是指一種活動歷程，

〔註18〕勞思光著，《思想方法五講新編》，頁1至2，《思光學術論著新編》（三），香
　　　　港：中文大學出版社，2005年修訂版2刷。

是說我們若如此如此的活動，便能預期得到某種結果，我們所謂方
法，可以說思考的或求知識的方法，求知識的方法本身不是知識，
它本身是一個活動的程序，譬如有人說，往外去觀察事實，把這事
實拿來比較拿來組織，便得到某種知識，這樣就所謂歸納法，而倘
若你對自己每一個思想、每一個概念意義弄明白，這樣就所謂解析
的方法。但是假定你說我對世界有個看法，世界是如何如何的，然
後拿這個東西來解釋其他的話，那麼它並不是方法。……方法是講
一種歷程，通過這個歷程，我們的思維會得到什麼結果。〔註19〕

可見「方法」是一種建構理論的活動過程中所設立的規則，且須假定人人皆
可遵守並使用，〔註20〕之所以「無真假」，是因其本身不是一種「主張或觀點」，
故涉及「觀點」與「方法」的不同，勞思光說：

一個特殊觀點，必歸於一特殊理論；因此，用 A 觀點代 B 觀點時，
常會造成錯誤陳述。但方法則不同。一種解析理論的方法，本身即
要求普遍性，而不受特殊觀點的約束。〔註21〕

就詞語意義的區分而言，「方法」與「觀點」有明顯不同。但就提出方法的活
動過程而言，兩者卻息息相關，此為理論程序的限制。易言之，提出「方法」
的過程必依賴某一先在的「觀點」，這導致我們應該預認「提方法者的主觀」。

究其實，任何理論的建構工作必然涉及「主觀」一事實，而「方法」既是
「人」提出來的，則必須預認「人自身的觀點」。如此一來，是否會導致「獨斷」
的弊病？其實不然，「主觀」與「獨斷」是兩回事，兩者甚至是意義互為相反的
詞語，只要從上述提到「表達者」與「理解者」雙方應有之責任來解釋即可。

以「提方法者的主觀」作為筆者嘗試提出「理論設準研究法」能否作為
「研究方法」的理據所在，以下分兩點逐步析述。

一、研究的兩條途徑

本論文既是探勞思光的哲學立場來探究「儒家思想之原型」，故對其「一

〔註19〕吳有能著，《百家出入心無礙──勞思光教授》，頁 31 至 32。
〔註20〕勞思光著，《新編中國哲學史》（一），頁 13 云：「這裡，我想申明一句，我們
　　　　討論方法問題的時候，要自覺地不涉及個人才智問題。某些有特殊才智的個
　　　　人，可能寫出極好的作品，但那並不表示他有一種自覺的方法。現在我們要
　　　　討論的方法，是假定為一切研究者都可以使用的方法，而去努力發現它。」
〔註21〕勞思光著，《新編中國哲學史》（一），頁 391。

家之言」不得不有所掌握。如何掌握？就是將他對「主體性」觀念的論證與由此衍伸的「理論設準」作一嚴格梳理。故由「一家之言」的觀念來看，筆者思考兩種不同的研究途徑。不同的研究方法對同一問題的討論有種種不同的研究成果，這是一個途徑，但同樣的研究方法對不同問題的討論仍有種種不同的研究成果，則是另一途徑。前者是「研究哲學或哲學史問題的途徑」，以「材料」為主；後者是「研究哲學家的途徑」，則以「思路」為主。顯然，本論文是以後者作為研究途徑。

然而，這不是說以「思路」為主時，「材料」即可抹煞不顧，反之亦然。從主賓關係來看，「思路」與「材料」在兩條研究途徑裡各有偏重，兩者不可或缺。以下就兩條研究途徑分別析論之。

第一：就研究哲學或哲學史問題的途徑而言，勞思光說：

> 凡對一問題採某一態度作研究時，與其他採不同態度作研究的說法，在理論上必有一極大的差異；原因是任何問題本可以有許多層或許多面的意義，研究者選定某一層或一面來探索時，便是持一種特殊態度；而此一態度即決定研究者理論進行中所涉及的問題範圍。所以彼此態度之同異，常使對同一問題所作的研究可相比或不可相比。研究者的研究態度，皆對應於一理論模式（theoretical pattern）；對一問題的研究，因研究者所選定的意義不同，即有理論模式之不同。〔註22〕

可見，同一問題經由前人不同的研究方法而有不同成果，後來的學者若要研究此問題，則應先廣蒐歷來各學者對同一問題的研究成果，經過一番歸納和整理的過程，對這些成果作出各個「理論模式」的分析後，再提出自己的補充或批判性意見，留給下一個研究相同問題的學者，在長時間的發展下，對此問題的研究成果，「材料」必定增多。

此途徑的優點是通過眾多學者對同一問題的討論，使該問題可以有許多不同層面意義的處理；缺點是在長時間的發展下，各個「材料」之間必然出現重覆內容，如此可能導致量的增加，而質卻停滯不前的毛病，更有甚者，則是加重後來欲研究同一問題的學者之負擔，即「材料」的增多，導致無從下手。

有鑑於此途徑會導致「材料」增多的毛病，筆者認為，是否有另一途徑，

〔註22〕勞思光著，《哲學與歷史》，頁99。

即從「思路」來研究各個不同問題的方法？此為研究哲學家的途徑。

　　第二：就研究哲學家的途徑而言，勞思光說：

> 通常一個哲學家的學說，總可以一二部最成熟而題材最重要的作品
> 為代表——當然亦可不止一二部；我們讀了這種代表性的作品，便
> 可以大致瞭解其意向、方法及所抵達的結論。但這祇算是初步了解
> （自然這是指真真讀懂了的人說，倘若讀得不夠，或根本略略一讀，
> 則連初步了解亦談不到），要真作研究，則必得將此一哲人另外的不
> 全成熟的重要著作多讀些，將成熟作品以後的某種有關進一步問題
> 的東西再注意了解一番，然後纔有希望把握住這一大家的學說真實
> 精神所在，纔能接觸全面的真象。〔註23〕

此研究途徑的工作首須面對的問題是：該哲學家如何思考哲學問題？此則涉
及對其「思路」的掌握，否則，連「初步了解」都談不上。誠然，任何一個
哲學家皆不僅思考一個哲學問題，必定有許多不同的哲學問題被他思考過，
進而提出某個理論或觀點。依此，研究者必須從這些理論或觀點中找出背後
是否有共同的思考原則，此原則即「思路」，屬該哲學家所有。

〔註23〕勞思光著，《書簡與雜記》，頁137，《思光少作集》（七），共七卷，臺北市：時
　　　　報文化出版企業有限公司，中華民國76年12月1日初版。既然本論文是以勞
　　　　思光儒學觀為研究對象，則其代表作《中國哲學史》必為主要研究材料，但如
　　　　引文所言，勞思光從1962至1981年，花費近二十年撰寫的《中國哲學史》是
　　　　否為成熟時期的作品？是值得商榷的。當今學術界對勞思光思想的分期，仍是
　　　　眾說紛紜，有人持「早、中、晚」三期的分法，參閱勞思光著，《中國文化要義
　　　　新編》，頁xii，香港：中文大學出版社，2002年1版3刷，有人則以1971年劃
　　　　分成「前、後」期，前期為1950年至1971年，即《少作集》至《中國哲學史》
　　　　第一、二卷，後期則為1971年至今，包括《中國哲學史》第三卷，參閱張燦輝
　　　　撰，〈勞思光早期思想中的自我問題〉，註2、註4，收錄於劉國英、張燦輝合編
　　　　《無涯理境——勞思光先生的學問與思想》，頁30至31。筆者認為，對勞思光
　　　　思想的分期必須由其對「中國哲學」與「文化哲學」兩大主題所使用「方法的
　　　　轉變」為線索，就中國哲學而言，只須以1971年劃分成「前、後」兩期，如張
　　　　燦輝所言，前期以「理論設準」處理中國哲學，代表作為《哲學問題源流論》
　　　　與《中國哲學史》第一、二卷；後期則以其「一系說」理論處理宋明儒學的分
　　　　系與發展問題，代表作為《中國哲學史》第三卷；至於文化哲學，筆者劃分成
　　　　「早、中、晚」三期，勞思光早期以黑格爾模型處理文化問題，代表作為《文
　　　　化問題論集》、《中國文化要義》、《中國之路向》，中期則以文化雙重結構觀處理
　　　　文化問題，代表作為《中國文化路向問題的新檢討》，但兩者異中有同之處，即
　　　　皆以「建設意識」出發，尚未對文化活動的「解放意識」作嚴格探究，故晚期
　　　　以「建設與解放意識」處理文化問題，代表作為《文化哲學講演錄》。

此途徑的優點是通過該哲學家的「思路」，可接觸許多不同的哲學問題，啓發研究者去作探索；缺點是「思路」對某一問題可作嚴格理論的處理，但對另一問題則只能提出觀點，難以作為研究題材。

依此，愼選研究題材，且該題材與「思路」必須一脈相通，則為取此途徑的學者必須面對的問題。由本文題目來看，筆者選擇「儒家思想之原型」作為研究對象，而以「勞思光的主體性觀念」作為研究進路。至於涉及何種「思路」？即勞思光在「主體性」觀念的預認下所提出的「理論設準」，此為本論文使用的研究方法。

二、設準意義的釐清

對「思路」的掌握，實為研究哲學家的途徑之首要任務，就本論文的題目而言，即對「勞思光的主體性觀念」思路下衍伸的「理論設準」之掌握。但「設準」的意義為何？是必須處理的問題。

所謂「設準」，是在方法論立場下提出有關整理問題的方法，勞思光說：

> 設準不表示某種特殊肯定，只表示一種整理問題之方法。此點學者必須明確了解。凡論述前人思想時，固不可依特殊肯定而立說；但另一面又必須有某種設準，作為整理陳述之原則。提出設準，並不表示贊成與反對。設準之意義只在於澄清問題，使陳述對象明晰顯出其特性。〔註24〕

從上述對「方法」問題的解釋來看，「設準」不在提出一特殊觀點，而在提出一種整理問題的方法，我們對「設準」的理解不可從「眞假」一面來作判斷，只可從「有效無效」一面來作判斷，此涉及某一理論是否嚴格的問題。換言之，某一理論設準是否有效，須由其處理問題所形成的「理論成果」本身之

〔註24〕勞思光著，《新編中國哲學史》（一），頁 143。勞思光著，《哲學問題源流論》，頁 5 亦云：「我現在所說的設準，乃相關於整理哲學問題之工作而立；換言之，所謂設準即是為進行整理方便而設立的一些標準。當然這些標準並非純形式的，因之設立時必預認某些判定或肯定，這些判定或肯定可以同時是我堅持為眞實者；但讀者或一切欲了解我此處的理論的人，並不必然地被要求去接受它們的眞實性。他們儘管可以把這些設準只看作某一意義約定的東西。而只要能明確知道這些設立的標準本身被賦與的意義或內容，即可由此而明白我這裏的理論的內部結構。」《思光學術論著新編》（十），共 13 卷，香港：中文大學出版社，2001 年。可見，「方法」的形成過程必定依賴某一先在的「觀點」，必涉及「提方法者的主觀」。

效力來判定，故哲學家面對某一問題時，對於關涉該問題所觸及的對象有哪些，由此提出自己的「觀點」，該「觀點」能否符合「方法」本身的「普遍性」與「一般性」，則為「設準」能否成立的必要條件。然而，這豈不與上述對「觀點」與「方法」的區分衝突嗎？對此，勞思光說：

> 通常做哲學史工作的人，每每諱言自己有自己的觀點；其實，除非不下全面的判斷，否則，必有一定的觀點作根據。這種觀點當然可能不為人接受，但那是不重要的。因為，一切理論本都可以有人反對。問題只在於我們能否自覺地將自己的論據表述出來。我所以將這種觀點稱為「設準」，目的即在於避免獨斷氣息。但我們又必須明白，我們雖不願獨斷，卻仍不能不有一組理論的設準，否則我們自己即根本沒有提出什麼理論來。……設準的提出，表示作者自己的識見與哲學智慧；作者能接觸哪些問題，不能接觸哪些問題，都可以由此看出來。一個優良的哲學史工作者，必須能接觸到已往學派所面對的問題。他倘若真能如此，則他所立的設準，就應該足以統攝已往的理論要求。當然這並非一件容易的事，但它是一切哲學史工作者所應該努力的目標。〔註25〕

他旨在說明任何「方法」在形成過程中必以「立論者的觀點」作為依據，「設準」也不例外。換言之，「方法」雖以「普遍性」與「一般性」為其特性，但「形成方法的過程」往往必須通過「立論者的主觀性」或「特殊性」來達成，這是理論程序的限制。如此一來，任何「方法」背後都具備一定程度的「主觀」，這怎能說是「普遍性」與「一般性」？

　　其實，我們應承認，任何「理論成果」皆是人類主觀思考的產物，對「方法」要求其「普遍性」與「一般性」，也是人類自身主觀思考的產物。但「主觀」與「獨斷」不同，因為人人雖有自身的「主觀」，可是「我的主觀」與「你的主觀」之間必須預認彼此有傳達與溝通的可能。若無此可能，則哲學的兩大功能：「知識的傳達」與「價值的溝通」將無從說起，最終淪於「獨斷」的危險，此實非「設準」的原意所在。

　　根據以上所述，「理論設準研究法」便可作為在研究哲學家的途徑下人人皆可使用之方法。但進一步的問題是：並非所有哲學家皆自覺地提出「方法」或「設準」。如此一來，「理論設準研究法」是否只能針對特定的哲學家？即

〔註25〕勞思光著，《新編中國哲學史》（一），頁16。

自覺提出「方法」的哲學家？

前已提及，「方法」形成的過程必定依賴某一先在的「觀點」。在哲學史裡，某些不具方法意識的哲學家提出許多「觀點」，但我們不應排除此中某些「觀點」具備成為「方法」的潛能。筆者以「非自覺的方法」與「自覺的方法」作對比，前者可經由後世學者的努力，施以「由觀點至方法」的轉化；至於後者，或許某些哲學家自覺地提出「方法」，但經由後世學者的檢驗，判定此「方法」終究只是「觀點」，只屬於該哲學家的「一己之見」，無法作為人人遵守的「條目」，此種可能，我們也不應排除。〔註26〕

就自覺提出方法的哲學家而言，勞思光對自己提出的「理論設準」，就要求從世界哲學領域來看中國哲學，並非只提出自己的「觀點」，而是對這些「觀點」有「方法」上的自覺，他說：

> 中國哲學的基源問題，原與西方哲學大不相同；因此，其發展過程與方向，也受它的特性的決定。……當我們要下一全面的哲學史判斷時，我們即不能不努力掌握中國哲學的特性所在。這樣，我們必須有一套理論的設準，足以統攝中國哲學與西方哲學，然後我們方能表明中國哲學在世界哲學中的地位與意義，方能揭示中國哲學的真面目。〔註27〕

依此，作為中國哲學部門之一的「儒學」，須從這些「理論設準」建構其原型。筆者從「勞思光的主體性觀念」出發，選定五個哲學問題，相應其提出的五個「理論設準」，作為本論文建構「儒家思想之原型」的研究方法：

第一：文化精神問題的設準；

第二：自我境界問題的設準；

第三：世界觀問題的設準；

第四：價值根源問題的設準；

第五：道德心境域問題的設準。

第一個理論設準主要是處理世界文化史上有哪些已定型之文化精神？即身為

〔註26〕例如勞思光就不曾將「辯證法」視為一種「方法」，參閱勞思光撰，〈辯證法批評〉，收錄於勞思光著，《思想方法五講新編》，頁91至103。

〔註27〕勞思光著，《新編中國哲學史》（一），頁19。有關中國哲學的基源問題，勞思光著，《哲學問題源流論》，頁31云：「西方哲學以認知心為主，故所提問題皆屬於『是甚麼』的問題。中國哲學以道德心為主，故所提問題皆落在實踐上，因此皆屬於『如何』的問題。」

中國文化主流的「儒學」的精神特性爲何？第二個理論設準主要是處理「自我本身」以「形軀」爲「場域」運行時，有哪些主要內容？即「儒學」的「自我境界」爲何？第三個理論設準主要是處理「自我」對「世界」採取何種意義與態度？即「儒學」對此「世界」所採取的「意義」與「態度」爲何？第四個理論設準主要是處理「善惡」、「好壞」、「應該不應該」等「價值詞語」的根源何在？即「儒學」如何找出德性成立的根據，使之成爲「可以」討論的問題？第五個理論設準主要是處理道德心運行時涉及哪些境域？即「儒學」如何看待「政治生活」？

總之，作爲中國文化的主流思想——儒學——要使其在哲學領域下是可以且值得被討論的學說，不能單靠「西方有，我們中國也有」的信念避開問題，必須面對它，予以嚴格的處理。勞思光即少數正面回應此問題，並設法謀求解決之道的當代中國哲學家，其重要性是不言而喻的。

第二章　勞思光的主體性觀念之釐清

在探究本論文的題旨前，必須先了解勞思光的主體性觀念產生之學思背景及意義，主要有下列兩點原因：

第一：就研究哲學家的途徑而言，勞思光對「主體性」觀念的重視貫串其整個學思生涯，〔註 1〕故找出他爲何重視「主體性」觀念的「學思背景」，實爲首要之務。至於爲何要探索此「背景」？勞思光曾以「體同辨異」爲例加以說明：

> 這裏，我想提出四個字來，表明我的研究態度和宗旨，這就是「體同辨異」。「體」就是「體驗」、「體會」之「體」。至於「體同」的意思，是體驗被研究的專家他爲甚麼有那樣子的講法、爲甚麼要強調那些問題、爲甚麼有那樣的意向、爲甚麼有那樣的主張。這個研究態度不是一字一句去挑字眼，而是體驗對方建立學說時的注意力所

〔註 1〕 關子尹撰，〈論歷史心魂——代序〉，收錄於勞思光著，《儒學精神與世界文化路向》，頁 29 云：「勞先生的文化理論以至他的哲學學說中有一個很基本的構想，就是認爲一文化之基本精神就是一民族『自覺活動』之結果。而『自覺活動』就是意向上之擇定，表現在哲學活動中，就是作者經常強調的所謂主體性之顯現與否的問題。」《思光少作集》（一），共七卷，臺北市：時報文化出版企業有限公司，中華民國 75 年 10 月 31 日初版。吳有能著，《百家出入心無礙——勞思光教授》，頁 73 云：「價值主體之自由，或所謂最高自由，在勞思光先生哲學體系中佔有極重要。」臺北市，文史哲出版社，中華民國 88 年 4 月初版。劉國英撰，〈勞思光先生與中國式的批判精神〉，收錄於劉國英、張燦輝合編，《無涯理境——勞思光先生的學問與思想》，頁 20 云：「對主體自由之肯定，是爲價值活動的來源及文化建設正面成果提供理論基礎。勞先生整部《中國哲學史》，可說以這一基本的文化關懷爲前提。」香港：中文大學出版社，2003 年。

在、他的精神狀態、他的精神方向等等，在這些地方用力去求了解。研究者所能體會的範圍，即所謂「同」的所在。當然凡是研究一個理論是牽涉到判斷，你不能全不用判斷，若全不用判斷，那就像是敘述一些事實了。判斷就牽涉到「辨異」問題。當我們講到「體同」的時候，是要把我們自己許多習慣上的成見暫時擺下來，專體會對方為甚麼會形成這樣的思想。到了「辨異」的階段，我們就要訴於比較客觀的某些理論標準，通過那些理論標準，然後能知道你所研究的那個理論的確定性在哪裏或問題在哪裏。這就牽涉到所謂「異」。「異」的產生因為每一個人所寫的東西總是有限，不管有多深的功力，總是有些問題應該提到而他沒有提到。這裏就有所謂「辨異」的問題。〔註2〕

他旨在說明「辨異」前應先「體同」，這是採取研究哲學家途徑的學者應須注意者。「體同」關涉我們對某一哲學家所制定「理論範圍」的掌握，該範圍即此哲學家建立學說的注意力所在，故對其注意力的理解程度即牽涉各研究者對該哲學家「體同」程度的高低，此高低間接影響其後「辨異」程度的高低，故在「體同」階段花較多心力的學者，進入「辨異」階段時，應是能對該哲學家作出較客觀的評析，否則容易產生誤解，甚至曲解的危險。

就本論文而言，要如何避免誤解勞思光思想的危險？筆者試從「思路」與「材料」兩個面向析論。就思路而言，是對「勞思光主體性觀念」的探究，故提出「理論設準研究法」；就材料而言，則是對其為何重視「主體性」觀念的「背景」所涉及「問題」為何之掌握，明確地講，此「問題」即其學思生涯中所處理的「基源問題」，勞思光說：

> 所謂「基源問題」，由理論建構上看，即此一學說之理論的中心。……「基源問題」即一體系的理論範圍的決定者。每一體系皆有其理論範圍，其特殊內容即由此範定；而理論範圍皆由一「基源問題」決定之，所以基源問題與系統內一個個問題理論層次不同；它不能由對於特殊內容各部份作個別考察而把握；因此非考證工作所能決定者。另一面，基源問題皆係就某一體系說，故不能與某一體系離開。……基源問題一方面是一體系理論範圍的決定者，與特殊問題

〔註2〕 勞思光著，《思光人物論集》，頁81至82，《思光學術論著新編》（十二），共13卷，香港：中文大學出版社，2001年。

不同；另一方面又與此一體系密切相聯而不可分，與任意設想不同。
〔註3〕

嚴格地講，勞思光的學思生涯中所要處理的「基源問題」，與其重視「主體性」觀念是兩回事，因此觀念只是其「方法意識」的根源，具體化即「理論設準」，只涉及「思路」，尚未涉及其欲處理的「問題」。換言之，哲學家處理其「基源問題」所使用的「思路」，是對此問題所關涉「材料」的處理，而非該問題本身，故其以「主體性」觀念爲進路，所處理的「問題」爲何？實具探索的必要。

第二：就本論文的論述程序而言，筆者選定的五個「理論設準」皆爲「勞思光的主體性觀念」之衍伸，且該觀念是處理其「基源問題」的進路所在，故〈導論〉提及的「文化精神」、「自我境界」、「世界觀」、「價值根源」、「道德心境域」五個問題設準必與其「基源問題」有一定的對應關係，即該「基源問題」必統攝此五個問題設準。因此，在找出勞思光關注的「基源問題」後，對其如何定義「主體性」觀念的問題必須詳加論述，否則終究失去主題而本末倒置。

第一節　勞思光提出主體性觀念的學思背景

本節的目的，是找出勞思光學思生涯中所處理的「基源問題」爲何，以「主體性」觀念爲線索追溯之，以「進入學院前後」爲標準，分兩階段探討。

一、進入學院前的階段

所謂「學院」指「正式對外發表論文」而言。也就是說，在勞思光進入學院以前，有何重要經歷？這些經歷與其「主體性」觀念有何關係？以下分兩點析論：

第一：對「人的雙重性」之領悟。

據勞思光自述，此是中學時期經長輩分享其對「何謂治學」問題的看法，經由不斷反思得來的道理，他說：

〔註3〕勞思光著，《康德知識論要義新編》，頁4，《思光學術論著新編》（九），共13卷，香港：中文大學出版社，2001年。此觀點延續至其日後探究中國哲學史方法的論文，只是另加上「解析研究法」析論之，參閱勞思光著，《新編中國哲學史》（一），頁4至17，共三卷四冊，臺北市：三民書局股份有限公司，2008年10月重印3版5刷。

一方面學要有承繼，一方面學有所成的時候，就一定要有新的創見。在這意義上，學就有一種雙重性，一方面人在文化大流中，是被一些東西所限制的，即是被已有的文化成績所限制的，但從另外一面講，治學的目的或智慧的表現，主要就在於破除、衝破這種限制，而不是順著這個限制，順著這個限制講就沒有真成就。……文化成績一定是一步一步新創的，不然，就根本不算研究了，因為你不過是重覆前人的東西，重覆前人的東西不算研究，這一點是我個人成長經歷中，最值得一提的。……我後來注意到很多問題，我的研究興趣、根源跟這個大有關係，因為這牽涉到兩個大問題，一個是人受限制的問題，一個是所謂智慧的意義在那裡，智慧的意義其實就是在穿破這個限制，這兩面來講就籠罩了很多問題。……我的問題意義基本上來自這兩面根本認識，就是一方面認識到人的限制性，一方面認識到所謂主宰性、所謂超越性。從這兩面來看，好多哲學問題，其實都在這兩點轉動，要不是講這面就是講那一面。〔註4〕

人的雙重性即「限制性」與「主宰性」，後者使「主體性」觀念成為可能。勞思光在最早發表的論文裡論證「主體性」觀念，皆從此「雙重性」下手，可見其重要性。另外，此「雙重性」也確立其進入學院後對「史觀」之看法，即建立「歷史動態觀」理論，〔註5〕這是研讀其文化哲學理論時必須掌握的關鍵。

第二：尋找解除中國苦難的藥方。

中國在清末被西方世界入侵以後，無論是器物、制度、文化等內部結構皆遭受前所未有的挑戰，甚至面臨全面崩潰的危險。在「救亡意識」的要求

〔註4〕 吳有能著，《百家出入心無礙──勞思光教授》，頁4至5。

〔註5〕 勞思光著，《歷史之懲罰新編》，頁10至12云：「對於各種史觀，我一向有一個很確定的論斷；就是，以為歷史有一定方向，是一個理論上的顯著錯誤。凡力持那種論調的人，若非幼稚無知，必是迷執自蔽。我所以有如此的論斷，則基於我對『經驗世界』與『自覺心的活動』兩者之了解。……人在任何歷史階段中，一方面他要受已有的歷史條件的限制；一方他卻可能據其自覺活動創生新的條件，以改變未來之歷史。人是已往歷史之奴隸，卻是未來歷史之主人。……這就是我的『歷史動態觀』。它與別的史觀不同，因為在理論層級上說，別的史觀是要說歷史有什麼方向，歷史進程有什麼階段等等；我這種『動態觀』則只是說，歷史永在不斷變動。我只要指出這種變動如何可能；我並不去說這種變動一定是什麼，我也不承認有人能說出來。」《思光學術論著新編》（五），共13卷，香港：中文大學出版社，2001年1版2刷。

下，當時知識份子皆設法找出解除苦難的藥方，從學習西方器物的「自強運動」，到學習西方制度的「變法維新」，經革命階段的「辛亥運動」，到學習西方文化的「五四運動」，〔註6〕直至一九四八、四九年期間發生的徐蚌會戰，即國共內戰，國民黨政府被迫遷至臺灣後，最終以失敗收場，苦難仍持續下去，〔註7〕

　　身處如此動亂的時代，勞思光當然會對「如何解除中國苦難」的問題反思。但要談解除，必得尋找「中國苦難的根源何在？」〔註8〕在進入學院以前，勞思光對此問題的回應有三階段的轉變。第一階段中國苦難的總根源，在於中國人自己不爭氣，這是其少年時期的自然反應，可略而不談；第二階段中國苦難的總根源，在於西方勢力的壓迫，故以「打倒帝國主義，民族的解放」為己任，自覺地接受社會主義的觀點，誠心研究馬列主義，之後發覺其內部理論的缺陷，與當時共產黨內部高層人士討論後，大失所望，最後成為「反共者」；〔註9〕第三階段開始接觸西方民主制度與自由觀念，得出中國苦難的總根源，在於中國文化傳統本身的錯誤，此時他最接近「西化派」，但最終發覺所謂共產主義根本是西方文化的產物，開始注意「西方文化內部有何缺陷」的問題，而對當時「全盤西化」之藥方產生質疑。〔註10〕

〔註6〕 參閱勞思光著，《中國文化路向問題的新檢討》，頁61至85。須注意者，此處「文化」較偏重「文化現象」的意義，尚未觸及勞思光所強調的「文化精神」。

〔註7〕 參閱吳有能著，《百家出入心無礙——勞思光教授》，頁11至13。

〔註8〕 劉國英撰，〈勞思光與中國式的批判精神〉，收錄於劉國英、張燦輝合編，《無涯理境——勞思光先生的學問與思想》，頁17云：「勞先生畢生的努力，就是以他身處的具體歷史境況——現代中國的苦難——為出發點，秉持獨立的精神和批判態度，為中國文化尋找新的出路。」

〔註9〕 有關勞思光反共思想的相關文章，皆收錄於勞思光著，《知己與知彼》（時論甲集），《思光少作集》（四），共七卷，臺北市：時報文化出版企業有公司，中華民國75年10月31日初版。與勞思光著，《遠慮與近憂》（時論乙集），《思光少作集》（五），共七卷，臺北市：時報文化出版企業有公司，中華民國75年10月31日初版。值得一提的是，在此階段使他領悟到「發生過程與內涵本質必須區分」的方法問題，參閱吳有能著，《百家出入心無礙——勞思光教授》，頁9，勞思光云：「這個劃分非常的重要，你這樣說本身的功能怎麼樣，關乎你的認知的真假，關乎你的話是不是有效，但都跟你為什麼要這麼說沒有關係，因為我們提一個主張，可以有很高尚的動機，也可以有很卑劣的動機，但是不管動機是什麼，這個主張是有效還是無效，是可以單獨測定的。」

〔註10〕 參閱勞思光著，《歷史之懲罰新編》，頁203至208。須注意者，勞思光以為共產主義產生的背景，是由於西方文化精神的內在毛病所導致，並非說共產主義等於西方文化精神本身，因文化活動本身是基於主體自覺「向上」的主宰

總之，勞思光對在這之前「救亡意識」下產生的各種運動有深刻反省：

> 我覺得從清末以來，始終是拿著西方的藥方來實驗，這個拿來試一
> 試，那個拿來做一做，我覺得我們對於自己的文化要重新反省，先
> 不要太工具主義，先不要談有用無用，而是先讓我們，真正了解一
> 下我們自己歷史文化的特性所在，長短所在，或者困難所在。有了
> 確定了解之後，我們再考慮出路怎麼走，而不是只從外面拿種種藥
> 方不斷嘗試。從民國初年以下，我們看到國民黨的作法，當時也有
> 自由主義者，有社會主義者等等不同的做法，但無論那一方面的人，
> 都是拿西方已有的成方，到中國去做實驗。……我們已經感覺到這
> 些外國藥方拿到中國來都不太靈，藥方都不太靈的原因不一定是藥
> 方不好，而是藥方是不是對症的問題，也就是說，中國是不是有中
> 國特殊的問題，如果要了解這個的話，又須要反溯到中國特殊傳統
> 中間種種的問題，像是心態意識等等。〔註11〕

他不再從西方世界裡尋找藥方，而是回過頭來，徹底反省自己所處的中國文
化傳統，探索其功能與得失。另外，無論西方或中國文化，兩者內部皆各有
優缺點。勞思光認為若只單靠某一方的文化成績作為解除中國苦難的「藥
方」，皆是妄想，故我們不能說他是「全盤西化者」或「傳統主義者」。既然
兩條路在他眼裡皆不可通，則必須從第三條路著手。

二、進入學院後的階段

所謂第三條路，即勞思光一生致力的基源問題：「如何建立世界文化體
系？」

對應上述三階段，這裡開始進入第四階段，也就是正式踏入學院發表論
文的階段，勞思光說：

> 我的思想又有另一轉變：我由於自己的體悟，稍稍體會到「主體性」
> 的真相。我很真切覺察到已有的幾個大的文化精神的特性，同時在
> 一套設準下，我開始能表述這種特性，和它們的短長得失所在。我
> 由此做了一些理論工作，我整理西方哲學與中國哲學的理論脈絡，

意願，而共產主義本身是「反文化」的精神，是主體自甘「向下」的物化活
動。參閱勞思光著，《知己與知彼》，頁 54。
〔註11〕 吳有能著，《百家出入心無礙——勞思光教授》，頁 12 至 13。

展示主要哲學問題發展的歷程。同時我對近代西方文化中的主要概念如自由、民主之類的文化意義，也通過我的設準予以清理疏解。……中國的苦難來自中國文化的內在缺陷，與世界文化的外在形勢。世界文化的活力都在衰退，中國文化活力也是如此。因此，解除中國苦難的途徑，只能是文化的重生運動。我們倘能喚起中國的文化活力，則中國必可從基本觀念起步步改造其自身。新的制度或新的生活秩序，皆將由這個新的文化精神中生出來。那時，中國的苦難自將消失。〔註12〕

所謂「新的文化精神」即「世界文化體系」，這可從勞氏進入學院後發表的第一篇論文〈從文化史上看國家之價值〉中看出端倪。他提出要建立「世界文化體系」的觀點，該體系的特色為東西方文化成績的綜合體，〔註13〕以後有關文化理論的文章，皆圍繞在對該問題的探究上。然而，要建立此體系，必先從理論層面入手，使其成為「理論上的可能」，若無法達成，則進一步的實踐就無從做起，這就涉及方法問題。因此，他決定從「主體性」觀念下手，探索東西方文化現象背後的精神特性，此即筆者選用「文化精神問題的設準」之由來。

　　勞思光如何使用「主體性」觀念來處理「如何建立世界文化體系」的問題？在其最早的構想裡，是把西方康德哲學精神與中國儒學精神兩者，作為「新文化精神」的兩大基柱，〔註14〕不過這是他早期思想的特色，在步入中

〔註12〕勞思光著，《歷史之懲罰新編》，頁208至209。有關「文化活力」，勞思光著，《新編中國哲學史》（三上），頁6至7云：「所謂文化活力，即指推動觀念生活及制度種種發展之力量。此種力量之強弱，具體言之，即以知識分子之思想生活態度為核心條件；因一切改進必以某種『理』為據，而了解『理』及說明『理』之所在，無疑為知識分子之責任（倘專依『力』說，則知識分子常常是最無『力』之社群。但若只說『力』而不問『理』，則亦無文化可說，最無改進之說。今之輕視知識分子者，大抵皆由於不明『力』與『理』之分際。『理』若無『力』自屬空虛，但『力』若不依『理』則必成種種罪惡矣。」共三卷四冊，臺北市：三民書局股份有限公司，2007年1月重印3版4刷。

〔註13〕該文收錄於勞思光著，《哲學與政治》，頁9至13，《思光少作集》（三），共七卷，臺北市：時報文化出版企業有限公司，中華民國75年10月31日初版。

〔註14〕參閱勞思光著，《文化問題論集新編》，頁174至176，《思光學術論著新編》（七），共13卷，香港：中文大學出版社，2000年。有關康德哲學，勞思光著，《康德知識論要義新編》，頁xii云：「我通過康德哲學所體會的『主體性』觀念，在我自己的理論文字中，仍據有重要地位。」《思光學術論著新編》（九），香港：中文大學出版社，2001年。有關儒學，鄭宗義撰，〈心性與天道——論勞思光先生對儒學的詮釋〉，收錄於劉國英、張燦輝合編，《無涯理境——勞

晚期後，已有「方法上的轉向」，若要深入討論，必牽涉到他整部文化哲學理論，〔註 15〕故略而不談。筆者試從另一方向，以勞思光在中國哲學方面的研究成績爲對象，追溯其與「主體性」觀念的關係爲何。

　　衆所皆知，勞思光在中國哲學領域最重要的研究成果，即由一九六二年

思光先生的學問與思想》，頁 59 云：「從勞思光致力整個中國哲學的成績來看，……凡讀過他《中國哲學史》的人都不難察覺到他在儒、道、釋三家中體會最多最深的乃是儒學的成德之教。他甚至將儒家道德心性所彰顯的『主體性』義蘊視爲中國哲學最特出精彩處。」

〔註 15〕　參閱本論文第一章，〈導論〉，頁 15，註 23，筆者對勞思光文化哲學理論分期的說明。嚴格地講，勞思光早期將「文化精神」與「文化現象」作一明確劃分，以「黑格爾模型」爲方法，探究世界各大文化的精神特性，故「文化現象」在此模型下即爲「精神外在化」的結果。用此模型來處理「如何建立世界文化體系」的基源問題，則必歸於「文化精神的改造」，故他把西方康德與中國儒學所代表的兩大「文化精神」作爲「世界文化體系」的兩大基柱，這是勞思光早期文化哲學理論的特色。但至中期以後，他察覺到「黑格爾模型」的侷限，大意是說，該模型若就處理單一文化內部的發展問題而言，具有極高的理論效力，但若就處理衆多異質文化間的交流問題而言，則非此模型所能勝任，故他開始注意到「文化現象」的重要性，並吸收社會學中「帕森斯模型」的方法，所謂「文化精神」在此模型下即爲「環境內在化」的結果，故勞思光再次重新反思「如何建立世界文化體系」的基源問題，他在「黑格爾模型」與「帕森斯模型」兩者的基礎上，提出「文化雙重結構觀」的方法，把「創生」與「學習」兩種文化活動收攝進去。「創生」即「黑格爾模型」下「由觀念至生活」的外化過程，「學習」即「帕森斯模型」下「由生活至觀念」的內化過程，回至「基源問題」，所謂世界文化體系應是衆多文化彼此間先互相「學習」，而後共同「創生」的過程，這是勞思光中期文化哲學理論的特色。參閱勞思光著，《中國文化要義新編》，頁 xii 至 xviii，《思光學術論著新編》（一），共 13 卷，香港：中文大學出版社，2002 年 1 版 3 刷。至於晚期文化哲學理論，雖然目前無法蓋棺論定，但以筆者的理解，則應是對「解放意識」的重視，因勞思光早、中期對「如何建立世界文化體系」的基源問題，皆是「建設意識」下的思考成果。故由「解放意識」出發，則在「創生新文化體系」的過程中，已有的文化成果必有保留與丟棄兩個部份。這將面臨兩個問題，第一是「如何建立取捨標準」的問題，第二則是如何在丟棄即「解放」的過程中，不致發生整個國家和社會內部結構停滯的問題。對於前者，勞思光提出「開放」與「封閉」兩大成分，作爲對傳統文化成績的處理原則。參閱勞思光著，《新編中國哲學史》（三下），頁 839，共三卷四冊，臺北市：三民書局股份有限公司，2006 年 5 月重印 2 版 3 刷。對於後者，在勞思光最近的講詞中，即透露出「哈伯瑪斯模型」的方法。參閱勞思光演講，〈現代文化哲學的演變〉，收錄於華梵大學哲學系編印，《第十二屆儒佛會通暨文化哲學學術研討會——「文化哲學的理論與實踐」》，頁 3 至 10，會議時間：2009 年 3 月 28、29 日。筆者認爲，此模型應能對第二個問題有妥善的處理，這可能是其晚期文化哲學理論的特色。

開始，至一九八一年完成，花費近二十年時間撰寫的《中國哲學史》。而學術界對其思想的理解，大多透過此書。

我們若把此書孤立地看，則至多對其使用的「基源問題研究法」，提出的「理論設準」，析論「宋明儒學的分系」問題等等有所理解，而筆者肯定地說，上述內容皆必須在勞思光一生所致力的「如何建立世界文化體系」的基源問題之視野來看，否則無法理解他撰寫此書的目的所在，勞思光在〈後記〉中明確地說：

> 我對中國哲學的前途的看法，是中國哲學必須經過一番提煉淘洗，在世界哲學的配景中重新建構，排去那些封閉成分而顯現其普遍意義。……就這個重建中國哲學的大目標說，寫中國哲學史至多只是一種預備性的工作。不過，我所以會寫《中國哲學史》，卻正因為我自己在面對著這個大目標想作一點努力。〔註16〕

所謂「大目標」即「世界文化體系」的建立，故此書統攝於勞思光的文化哲學理論。至此，即可追溯一根本問題，即他對「哲學」與「文化」兩者關係的看法。

大意是說，勞思光從「主體性」觀念來研究「中國文化精神」的特性，與由此文化精神產生的「中國哲學理論」，則以《中國哲學史》為代表。在他眼中，某一民族的「哲學理論」，皆是其「文化精神」的產物。〔註17〕也就是

〔註16〕勞思光著，《新編中國哲學史》（三下），頁 831，共三卷四冊，臺北市：三民書局股份有限公司，2006 年 5 月重印 2 版 3 刷。

〔註17〕勞思光從「基源問題的問答形式」與「發生過程與本質過程的區分」兩者來解釋，他說：「凡是一種哲學理論，它一定有它的理論中心；如果我們將這個理論中心，用確定的語言表述出來，則可以有兩種形式：或者是一個問話的形式；或者是一個答話的形式。再從更基本處講，問話形式本來表一文化精神所在：因為人會去想出來一些甚麼東西，要受他們所問的東西決定。究竟某一民族或某一文化單位下的人們，何以要問某一個問題，在根本上是無法作決定的。……一個觀念，一種精神方向或一個理論，雖然必通過一定的心理結構及環境條件而『發生』，但它們本身的正誤得失與價值意義等，卻不能由心理條件及環境條件來解釋。因此，我們就『問與答』來看文化精神與哲學的時候，首先得有『發生過程』與『本質過程』的分別。而據這種分別，我們即可知道二者不可相混，不能互相代用。於是外緣與本質分開，然後我們纔能真真了解文化與哲學。……於是我們有第一個設準：一切文化精神的基本方向不是被決定的。由此，我們就『問』來看，我們不能去找它的發生條件。人們何以會問某一個問題，我們設定它是自決的。但由『問』到『答』，卻有點不同了。『問』可以完全設定為自決的；『答』則在範圍上必受所關的

說，勞思光的《中國哲學史》是其文化哲學立場的作品。〔註18〕

退一步講，既然「哲學」與「文化」不可分，則所謂「世界文化體系的建立」必與「世界哲學體系的建立」不可分，這是勞思光一生致力的兩大工作。在時間上，兩者同時進行，但在根源上，後者必收攝於「如何建立世界文化體系」的基源問題之下。由於本論文涉及「儒家思想之原型」，故對勞思光研究「中國哲學理論」方面的學思背景，應有詳論的必要，故我們再把時間往前推，找出其撰寫《中國哲學史》的動機為何，這將有較清楚而全面的理解。

勞思光最早曾嘗試從世界哲學的「配景」（即普遍性的哲學問題）裡，〔註19〕提出一套理論設準，整理中西印三大文化精神下的哲學理論，這個

〔註18〕之前段落相關註文：

『問』的決定。……由此，我們看文化精神和哲學時，我們便將『問』歸到文化精神方面，將『答』歸到哲學理論方面。最基本的一點就是：一文化精神自決一方向，在此一方向下衍生一大羣哲學理論；『方向』即以『問』表之，哲學理論的內容則可用『答』表之。……這是我的第二點設準：一文化精神所決定之方向可表為一『問』；對此『問』之『答』即為此文化精神下的各哲學理論。」勞思光著，《西方思想淺談》，頁287至290，《思光少作集》（六），共七卷，臺北市：時報文化出版企業有限公司，中華民國76年11月30日初版1刷。參閱本論文第一章，〈導論〉，頁18，註27，可知西方文化精神以認知心為主，基源問題為「是甚麼」，而中國文化精神則以道德心為主，基源問題為「如何」。可見「文化精神」必預認「主體性」觀念，即「超越經驗世界之外的自決性或主宰性」。

〔註18〕杜保瑞撰，〈勞思光先生道佛詮釋的方法論探究〉，收錄於華梵大學哲學系主編，《「勞思光思想與中國哲學世界化」學術研討會論文集》，頁26至27云：「勞思光先生巨著中國哲學史一書，實是奠定他在當代中國哲學界地位的最重要作品，書中……以『文化建設』為根本關懷，……『文化哲學』乃是勞先生中國哲學詮釋史觀中的根本關懷。」臺北市：行政院文化建設委員會，2002年12月初版1刷。依此，我們即可理解其在《中國哲學史》裡所謂「全面判斷的統一性」之意涵，參閱勞思光著，《新編中國哲學史》（一），頁13至17。約言之，即從「文化哲學的立場」進行估價工作。勞思光著，《文化問題論集新編》，頁139至140云：「哲學無論當作一組命題看，或當作一組對於活動之指示看，均不能離文化之全領域而另自存在；反之，文化領域中亦不能在認知及實現外另有所成立。所以，我們倘能對文化問題本身作一剖視，展示此領域之全象，則任一哲學之成就及在文化全境中之地位均將朗現而無所隱逃。」《思光學術論著新編》（七），共13卷，香港：中文大學出版社，2000年。

〔註19〕鄭宗義撰，〈心性與天道——論勞思光對儒學的詮釋〉，收錄於劉國英、張燦輝合編《無涯理境——勞思光先生的學問與思想》，頁62至63云：「勞先生向來重視的普遍性哲學問題視野，正是緣於了解到文化間的差異而希望尋找一種可互相比較的基礎。誠然，哲學家提出一套理論總難免或多或少地受到他身處時代環境的影響，但其理論帶有特殊的文化色彩並不妨礙它本身原是對著普遍性問題而發的。是已普遍性問題遂可成為不同的哲學理論進行溝通

計劃成果即《哲學問題源流論》，〔註20〕但由於當時學術背景的原因，導致此書未完成，他說：

> 我原是要寫一本很長的書，清理中、西、印三大傳統中的哲學問題，其所以只寫了很小一部份便不再續寫下去，主要原因是我自己改變了工作計劃。……首先是我感覺到中國哲學史有另行撰寫的需要。當時中國人社群中仍常用馮友蘭的舊作，但馮書對於儒學及中國佛教的註釋及基本陳述都有明顯缺點；而且馮氏本人當時已成為歷史唯物論的附和者，離中國傳統哲學更是愈來愈遠，不可能再在這方面有所改進。因此，要達成對中國哲學的較嚴格的認識，便應另撰中國哲學史。這就使我改變了自己的計劃。我將中國哲學史的撰寫作為要先完成的工作；……至於《哲學問題源流論》這樣的書，我已覺得不必要去撰寫了。〔註21〕

職是之故，勞思光開始長期清理「中國哲學理論」的計劃，著手撰寫《中國哲學史》。〔註22〕此計劃之所以進行，是由於他發現馮友蘭的《中國哲學史》內部缺陷。至於他對馮書的批評，即從其不解「中國哲學的特性」下手：

> 馮友蘭的《中國哲學史》，……並未接觸到中國哲學的特性。……馮友蘭自己在哲學理論上造詣不算太深；他解釋中國哲學時，所能運用的觀念及理論，也限於早期柏拉圖理論與近代的新實在論。他對西方哲學理論所能把握的本已不多；對中國哲學的特性更是茫無所知。因此，當他在中國哲學史中解釋某些較簡單的理論時，雖然可以應付，但一接觸到宋明理學，立刻顯出大破綻。他從來不能掌握道德主體的觀念，甚至連主體性本身也悟不透，看不明。結果，他只能很勉強將中國儒學中的成德之學，當成一個形而上理論來看，

　　　對話的橋梁，甚或成為評價彼此高下得失的標準。」

〔註20〕勞思光著，《哲學問題源流論》，《思光學術論著新編》（十），共 13 卷，香港：中文大學出版社，2001 年。必須說明的是，本論文使用的「理論設準研究法」，大半皆由此書的設準而來，只是筆者在「儒家思想之原型」主題下，對之作出部份的改造，但理論方向皆不脫離此者。

〔註21〕同上，頁 xiii 至 xiv。

〔註22〕必須注意者，勞思光的《中國哲學史》第一、二卷是《哲學問題源流論》中使用的「理論設準」的延續，故在此以前為其研究「中國哲學理論」的早期階段，直至 1971 年，決定以另一標準撰寫第三卷時，即進入後期階段。參閱本論文第一章，〈導論〉，頁 15，註23。

自是不得要領。我們倘若對馮氏「新理學」一書稍加注意，則我們
不難看出他的理論與中國宋明儒學理論的根本距離。而他解釋理學
的失敗，在識者眼中，也就是很自然的事了。〔註23〕

如〈導論〉所言，勞思光從「實指定義法」找出「中國哲學的特性」，即以「主
體性」觀念為中心的「心性論」，作為探究「儒家思想之原型」的進路，而他
以此觀點批評馮友蘭，是基於其對「主體性」觀念的忽視。也就是說，馮友
蘭是以「客體性」觀念為中心的「形上學」進路詮釋「儒學」，故兩者在使用
方法上有主客之分。換言之，勞思光與馮友蘭解釋「儒學」的不同，實即「主
體性」與「客體性」兩種進路的不同。

　　嚴格地講，就方法問題而言，我們不能說兩者使用的方法孰高孰低，也
就是「以主體性為中心的心性論」與「以客體性為中心的形上學」，兩者實無
高下之分；但就使用某一方法處理某一對象所產生的理論效力而言，才能說
誰使用的方法較能切中要旨，勞思光即就此層面，對馮友蘭使用的方法，作
出如下的評析：

　　客觀地說，這種形上學思路，只能用於有關形上學問題的研究上。
　　用它來說明名家理論，較為適宜；用它來解釋老子，便只有一半可
　　用；而對於佛教與宋明理學，則大半都不適用。尤其是論禪宗與陸
　　王之學時，一切關於「客體性」（Objectivity）的理論設準，都成為
　　題外；因為這些學說都集中於一組關涉「主體性」（Subjectivity）的
　　問題上。……儒學及中國佛教的基本旨趣，都在「主體性」上，而
　　不在「客體性」上；因此，屬於客體性一面的設準——如柏拉圖思
　　路，便不能用來闡解這些學說了。……一個哲學理論，或歸於主體
　　性，或歸於客體性；基本上更無例外。所謂「主客統一」之說，仍
　　然不外是「以主攝客」或「以客攝主」兩型。馮氏所持的立場，基
　　本屬於「歸於客體性」一路。……馮氏自己既不明白「主體性」的
　　意義，又不能看出中國哲學傳統中某些學說立場何在；一味以新實

<hr />

〔註23〕勞思光著，《新編中國哲學史》（一），頁3。相關文章，可參閱勞思光撰，〈評
　　馮友蘭《新理學》〉，收錄於勞思光著，《書簡與雜記》，頁11至24，《思光少
　　作集》（七），共七卷，臺北市：時報文化出版企業有限公司，中華民國76年
　　12月1日初版；或參閱鄭宗義撰，〈論二十世紀中國學人對於「中國哲學」的
　　探索與定位〉，收錄於華梵大學哲學系主編，《「勞思光思想與中國哲學世界化」
　　學術研討會論文集》，頁6至11。

> 在論的立場來看這些學說；於是馮氏解釋了中國佛教，解釋了宋明
>
> 心性之學，皆未接觸「主體性」觀念。〔註24〕

嚴格地講，馮友蘭使用的「方法」本身並無問題，問題出在所處理的「對象」是否適用於該「方法」？顯然，這在勞思光眼中是不適當的，換言之，是「無效的方法」，故其《中國哲學史》強調必須以「主體性」觀念爲進路，提出一套「理論設準」處理之。

可是在這些理論設準中，以「文化精神問題的設準」最具代表性。如前所述，就勞思光文化哲學的立場而言，「哲學」與「文化」兩者在根源上是不可分的，即哲學理論是文化精神的產物，其根據就在此。就大方向而論，勞思光一生致力的「如何建立世界文化體系」的基源問題，其處理進路仍是此理論設準。

總之，在勞思光眼中，儒學是中國文化精神的產物，且在中國「文化」與「哲學」兩方面皆具主流地位。故本論文在「研究哲學家的途徑」下，選擇「勞思光的儒學觀」作爲研究題材，主要原因仍是此理論設準。

第二節　勞思光對主體性觀念的定義問題

如〈導論〉所言，我們必須理解「主體性本身」與「對主體性的描述內容」的不同，〔註25〕且兩者在理論層級方面，是上下關係，而非平行關係。故本節探究勞思光對「主體性」觀念的定義問題，是其對「主體性本身」的論證，使之成爲可能，否則統攝其下的「對主體性的描述內容」之「理論設準」，即無從談起。故在理論程序上，對「主體性本身」的討論必先於「理論設準」。

這裡要探究的問題是：「主體性之所以爲主體性的條件爲何？」此條件即「主體性本身」的內涵，以下分三點析論之。

〔註24〕勞思光著，《新編中國哲學史》（一），頁 386 至 387。

〔註25〕對此思路，我們可從「存有或本體本身」與「對存有或本體的描述內容」之不同來理解。勞思光著，《新編中國哲學史》（三上），頁 96 云：「朱說實謂『無極』與『太極』分別標示『本體』之兩面；『無極』表『超越義』（即本體『超越』現象界），而太極則表『創生義』（即本體又創生現象界）。如此，則『無極而太極』一語，實並舉『超越性』與『創生性』，而此二詞在語義上皆不能等於『存有』或『本體』，反是對『存有』或『本體』之兩面描述而已。」故勞思光所提出的一組關涉「主體性」觀念的「理論設準」皆是「對主體性的描述內容」，而非等同「主體性本身」，此中分寸，須明辨清楚。

一、人的雙重性

　　如前所述，勞思光在進入學院前，領悟到「人的雙重性」，即「限制性」與「主宰性」，後者爲使「主體性本身」成爲可能的必要條件。直至進入學院後，對該觀念即先由此「雙重性」入手，並扣緊「文化」加以論證，勞思光說：

　　　　無疑的，人生來是一個被制限者。同樣顯明的，作爲一個被制限者，
　　　　人卻一直要從制限中跳出來。有一定的體質，有一定的需求，人是
　　　　受制限的。就事實過程看，沒有一個人生來能超越他所受的制限。
　　　　但就人的活動的方向看，則人類一直求超越的方向走。制限之超越
　　　　的第一要件是主動意願的豁醒；主動意願是人的向上活動的基礎。
　　　　個別的生活事實中，人的活動大半是在被制限下的一種應付，但在
　　　　整個的「人的活動」的基礎上，主動意願的光輝隨時存在。它推動
　　　　人類從應付走到控制，……這一個求超越的努 力過程便是文化史的
　　　　全貌。所以雖然人生來在制限之中，但文化進程中，人的活動的方
　　　　向卻是要超越這些制限。〔註26〕

主動意願即「主宰性」，若否定此「主宰性」，則人永遠作爲動物而存在，只能對經驗世界作被動的反應，無任何主動創造可說，所謂「人的歷史文化」就有無從談起之苦，如此，我們應承認人有「主宰性」。

　　然則，此「主宰性」或「主動意願」是就廣義的「主體性」觀念來講，尚未作區分，即「主動意願的雙重性」，亦即「有限的自由」與「最高自由」。然在論證程序上，這裡應先將人的「限制性」與「主宰性」作顯明區分，唯有使「主宰性」或「主動意願」成立，進一步的區分才有可能。故接著從「條件系列」的觀念出發，將「人的雙重性」給予安頓。

二、條件系列的雙重性

　　所謂「條件系列」即「因果關係」，而「經驗世界」就是「由條件系列組成的世界」，故由人的「限制性」與「主宰性」，我們可將兩者分別安頓在「化入條件系列」與「跳脫條件系列」，如下表所示：

〔註26〕勞思光著，《哲學與政治》，頁14至15，《思光少作集》（三），共七卷，臺北市：時報文化出版企業有限公司中華民國75年10月31日初版。有關「意願」，勞思光著，《文化問題論集新編》，頁9云：「意願是指自覺中一種方向性的力而言。」

範疇體系	主體活動	存在狀態
化入條件系列	形軀反應	被決定者
跳脫條件系列	自覺活動	決定者

人在「經驗世界」中，必受其影響，是處於被決定的存在者，對該世界只是作形軀的反應，故說「化入條件系列」，此處無任何「主宰」可言；然則，人有「主動意願」，該意願不是被「經驗世界」所決定者，不受其影響，是處於主動決定的存在者，故說「跳脫條件系列」，此處透露人的「主宰性」，即超越經驗世界之外的「自我」，故勞思光說：

> 凡是一經驗的存在，必是一條件系列中被決定的存在：一塊泥土成為一物件，是一組條件決定；一粒種子長成一樹，亦是一組條件決定。人之形軀與動物之形軀乃同一類之動物機體，亦由一組條件決定。……形軀並非「自我」：形軀乃永在條件系列中者，生理與心理結構，皆在條件下被決定，只是事象而非「自由的主體」。〔註27〕

人的「主動意願」或「主宰性」是不被條件系列所決定者，它是跳脫條件系列的「自我」，其自身就是決定者，是「自由的主體」，可在經驗世界中發揮主宰力，故勞思光說：

> 自我乃超事象系列之主體，故形軀之死生，不能變化自我。對象界任何事象，……亦不能使自我有所失。如此之自我，為主宰，為主體；與萬物及形軀乃不同級之存在。故自其消極而言之，主體不受條件決定，……即主體不隨事象而變易。自其積極而言之，則主體為主宰。〔註28〕

因此，人的雙重性涉及「主體活動」的兩個層面。「形軀反應」是主體化入經驗世界的條件系列，受其影響，此為人的形軀，只能對外在世界作「反應」的活動；「自覺活動」則是主體跳脫經驗世界的條件系列，不受其影響，而以直探主體內在精神的超越根源為特性，此為人的「自我」，可對外在世界作「主宰」的活動。

〔註27〕勞思光著，《存在主義哲學新編》，頁 142，《思光學術論著新編》（二），共 13 卷，香港：中文大學出版社，2001 年修訂版。勞思光著，《哲學問題源流論》，頁 8 亦云：「凡是自覺活動，皆必植根於一活動之主體；此主體泛稱之為『我』。此『我』乃統攝之主，非在任何意義上被決定者，故不能化入任何條件系列。」

〔註28〕勞思光著，《新編中國哲學史》（一），頁 250。

　　至此，人的雙重性之意義已明，接著析論「主動意願的雙重性」，即「有限的自由」與「最高自由」，後者即勞思光「主體性」觀念的真正內涵。

三、主動意願的雙重性

　　在條件系列的雙重性中，我們區分出人的「限制性」與「主宰性」，經由後者，得出人有「主動意願」或「主體性」。但此「主動意願」又可再細分，即「被經驗世界所限制的自由」與「超越經驗世界的最高自由」，如下表所示：

實然階段	主體活動	存在狀態
第一階段	形軀反應	被決定者
第二階段	制定意願	有限的自由
第三階段	純粹意願	最高自由

「主宰性」可分兩層面來看，即超越經驗世界的「純粹意願」與其在經驗世界中運行的「制定意願」，前者才是「主體性本身」的內涵，後者則因落入實然界而有「內容」，故為「對主體性的描述內容」，雖然兩者同為「主宰性」，但已有上下層級之分，勞思光說：

> 意願有純粹意願與制定意願之別；前者是主體的最高自由，後者是主體的關係自由；前者是超內容超對象的大本，後者是有內容有對象的指向動力──即指示方向的動力。〔註29〕

兩者皆為「自由」，但有層級的不同，一個是超越經驗世界的「最高自由」，另一個則是前者運行於經驗世界中的「關係自由」。前者不涉及「內容對象」，故為「主體性本身」；後者涉及「內容對象」，則為「對主體性的描述內容」，這是就理論區分說。但就實然活動說，我們不應將兩者截然二分，勞思光說：

> 作為一個人在實然過程中，確是一個本來的缺陷者。主動意願是人的向上活動的根源，由體質到外界則是一串的制限。純粹主體使人的創造成為可能，主體與對象間之關係，則使創造有實現的決定。主動的純粹意願的豁醒，才使純粹理性獲得根據。一切關係中制定必以純粹自覺對關係的保證為依據。〔註30〕

一方面，超越經驗世界的「主體性本身」，使人在經驗世界中的創造或「主宰

〔註29〕勞思光著，《哲學與政治》，頁 28。
〔註30〕勞思光著，《儒學精神與世界文化路向》，頁 49。

性」成為可能；但另一方面，所謂「人的創造」必須預認「可實現的場域」，即由因果關係或條件系列組成的經驗世界。

就人的實然活動而言，勞思光分成三階段。第一階段為機械的制應活動，此時人被經驗世界所限制、被決定，故無任何主動力與「自由」可言；第二階段為認識與控制的活動，此時人逐漸發揮自覺能力，認識與控制經驗界，故有主動力與「自由」可言，但此「自由」只是「關係中的自由」，雖是「主動意願」，但只是「制定意願」，也就是說，此主動力只能在「主客分立關係」中運行，它只是「有限度之自由」，因「關係本身」非此階段之主體所決定，故仍是「認識關係的奴隸」，只能對「外在客體」有所決定，尚無法決定「主體自身」；第三階段為超悟活動，此時人不被機械關係與認識關係所束縛，換言之，是「超越主客關係的活動」，故此「自由」比「關係中的自由」更上一層，即「最高自由」或「純粹意願」，可對「主體自身」有所決定。〔註31〕

以上是從實然過程中逆溯而上地講，但還不能說明「最高自由」與「純粹意願」何以可能，故勞思光從「知識根源」問題說明之，大意是說，在第一階段的「機械制應」活動裡不能產生「知識」，因知識架構不可由感官經驗得知，它先在於一切內容，非條件系列所給予，故此「知識架構」非外在客體，而是主體自有，也就是說，「知識能力」非被決定者，它是「制定意願」，即第二階段的認識與控制活動。故必須有先在的、不被經驗世界決定的「知識能力」，人類始能跳脫純機械的被制者狀態，進而作認識的活動。然而，先在的知識能力只能說人類「可能」作認識活動，並不能說人類「實際」作認識活動，故該能力背後必有「推動認識活動之力」，此一力為人類「向上」之意願，即追求最高自由之意願，它是「純粹意願」，及第三階段的「超悟活動」，人類所以求知識，因人類有求知識之「意願」，此「意願」為最基本的動力，〔註32〕此即「純粹意願」與「最高自由」，亦即「主體性本身」，這透露出勞思光文化哲學中對主體自覺「向上」意願的重視，為理解其以「主體性」觀念建構儒家思想原型時，必須掌握的關鍵。

〔註31〕參閱同上，頁139至141。
〔註32〕參閱同上，頁142至143。

第三章 勞思光的主體性觀念所衍伸之理論設準

在釐清勞思光主體性觀念的意義後,接著是析論此觀念所衍伸理論設準的內容。如〈導論〉所言,設準的目的是「澄清問題」,故從「問題」出發,筆者選用五個理論設準,即「文化精神問題的設準」、「自我境界問題的設準」、「世界觀問題的設準」、「價值根源問題的設準」、「道德心境域問題的設準」,作為本論文探究勞思光以「主體性」觀念建構儒家思想原型的方法,進而言之,是對「理論設準研究法」作進一步探討。

第二章提到「主體性本身」與「對主體性的描述內容」之不同,而筆者選用五個理論設準,皆統攝於「主體性本身」之下,即「對主體性的描述內容」,故兩者是上下層級關係,而非平行並列關係。明確地講,預認「主體性本身」是使「理論設準」成為可能的必要條件,故在論述程序上,對勞思光「主體性」觀念的釐清應先於理論設準。所謂「主體性本身」或「純粹意願」,即主體自覺的「向上」意願,此為對勞思光文化哲學立場的掌握,通至其以「主體性」觀念建構儒家思想原型的基本原則。

然而這五個理論設準並非全出自勞思光的說法。在其《哲學問題源流論》中所提的四組設準,如「價值根源之設準」、「自我境界之劃分的設準」、「價值自覺之二型的設準」、「世界意義之設準」,[註1] 前兩者與「價值根源問題的設準」、「自我境界問題的設準」相關,後兩者則統攝於「世界觀問題的設

〔註 1〕 參閱勞思光著,《哲學問題源流論》,頁 4 至 15,《思光學術論著新編》(十),共 13 卷,香港:中文大學出版社,2001 年。

準」下，至於「文化精神問題的設準」、「道德心境域問題的設準」，勞思光從未以「設準」型態陳述之，乃筆者通過其著作整理而得者。〈導論〉提及的「自覺的方法」與「非自覺的方法」，是對勞思光某些重要觀點施以「由觀點至方法」的轉化，若不施以轉化，則無法對他以「主體性」觀念建構的儒家思想原型有全面的理解。

　　本章討論範圍，集中在設準本身上，故不涉及儒家思想原型的部分。以下分別探究此五個理論設準。首先是設準詞語意義的釐清，接著找出設準所對應的哲學問題為何，最後是設準內容的析論；就理論進程而言，因勞思光眼中的「哲學」與「文化」密不可分，前者被「文化精神」所決定，[註2] 故應先闡析「文化精神問題的設準」。

第一節　文化精神問題的設準

　　在列舉該理論設準的內容前，應先探究勞思光對「文化精神」的定義。他在早期思想談「何謂文化」的問題時，即分成三種可能意涵，但基本上不外「文化精神」（人類自覺活動之方向）與「文化現象」（實然活動即成就）的不同，[註3] 其中「文化精神」即其在文化哲學立場下對「文化」一詞的用法，此「自覺活動」便是「主體性本身」，當運行於經驗世界時，就有不同的「方向」，作為文化精神問題設準的不同「內容」，或「對主體性的描述內容」。

　　嚴格地講，「自覺活動」即「文化之大本」，「自覺活動之方向」即「文化個體性」，「方向下的成就」即「文化現象」，故有三層之分。[註4] 而文化精神問題設準的內容，以對「文化個體性」之列舉為主。但在列舉「已涉及方向的文化精神」（文化個體性）之前，我們應同時探討何謂「未涉及方向的文

〔註2〕　有關「哲學」與「文化」的關係，參閱本論文第二章，〈勞思光的主體性觀念之釐清〉，頁29至30，註17。

〔註3〕　參閱勞思光著，《哲學與歷史》，頁37至38，《思光少作集》（二），共七卷，臺北市：時報文化出版企業有限公司，中華民國75年10月31日初版。

〔註4〕　勞思光著，《儒學精神與世界文化路向》，頁148云：「一文化當可稱為文化時，必已較大本低一層次；換言之，必有一方向，此方向即文化精神之特性。一種文化精神發展而成為一文化體系，發展中實然域即作為其材料。這種材料並無決定方向的力量，反之實供文化精神表現其方向之用。在這種過程中，文化體系既成，於是便有了個體性。」《思光少作集》（一），共七卷，臺北市：時報文化出版企業有限公司，中華民國75年10月31日初版。

化精神」（文化之大本），勞思光說：

> 一種精神必當自覺到的時候，始能謂定型。未經自覺，則人只有
> 一種傾向；此種傾向可就外在因素解釋。而由外在因素決定之結
> 果，必可由改變其外在因素而使之改變。這樣，此種結果乃不能
> 看作文化精神，因文化精神必指自覺之方向說。在人之自覺未能
> 提高到決定一方向以前，人儘可有一傾向，但此非定型之文化精
> 神。〔註5〕

由於定型之文化精神已涉及「方向」，故背後須預認「自覺活動」為根源，即「未
涉及方向的文化精神」（文化之大本）。也就是說，人類對所處自然環境有「向
上」的意願，它不是化入條件系列的被決定者，而是跳脫條件系列的主宰者，
在此主宰下自覺選擇某一「方向」，形成某一「文化個體性」，藉此改變所處自
然環境，而成就某一「文化現象」，這是文化活動的具體程序。〔註6〕易言之，
文化活動必以「向上意願」為基礎，〔註7〕此「向上」即基於人類的價值意識，
在面對自然環境時，就有「以什麼為應該」的活動，該活動經抽象化而形成觀
念與思想，系統化就是某一哲學體系的產生，亦即「未涉及方向的文化精神」

〔註5〕 勞思光著，《書簡與雜記》，頁100，《思光少作集》（七），共七卷，臺北市：
　　　時報文化出版企業有限公司，中華民國76年12月1日。

〔註6〕 勞思光著，《文化問題論集新編》，頁37 云：「文化本是一自覺主體的創造成
　　　果，……文化過程是一主體在實然中實現應然，或依應然之方向重新範定實然
　　　之過程。此一主體是超越於實然者，但此超越者必實現於實然中乃成文化。因
　　　此文化是超越界與實然界之統合。最高自由之主體，超越朗照，是文化之源本，
　　　但非降化至實然域不能成文化，而只有一潛存之可能性。由此，實有之文化之
　　　成立，必在主體降化入實然之後。超越主體必先降化，因此亦須透過實然主體
　　　而始能言文化之創成」《思光學術論著新編》（七），共13卷，香港：中文大學
　　　出版社，2000年。可見文化活動必須預認經驗世界為「有」，並以之為實現價
　　　值的「場域」。最高自由之主體即「文化之大本」，降至經驗世界時，選擇某一
　　　「應然」方向（文化個體性）重新範定此經驗世界，而成就某一文化現象。

〔註7〕 勞思光著，《哲學與歷史》，頁30云：「文化的基礎是人類的向上意願，『主動
　　　與自由』便是對這個向上意願的淺明描述，沒有向上意願則人類不能創造文
　　　化。」進而言之，「文化之大本」運行時必以主體自覺「向上」的活動為基礎，
　　　此乃勞思光為何視中國先秦法家與西方當代馬列主義為「反文化」或「文化
　　　逆流」之代表，即主體自甘「向下」的物化活動，若以哲學詞語來說，即對
　　　「價值」的否定與取消。參閱勞思光著，《新編中國哲學史》（一），頁339至
　　　340，共三卷四冊，臺北市：三民書局股份有限公司，2008年10月重印3版
　　　5刷；與勞思光著，《知己與知彼》，頁54至56，《思光少作集》（四），共七
　　　卷，中華民國75年10月31日。

（文化之大本）選擇某一「方向」成爲「已涉及方向的文化精神」（文化個體性），在此「方向」下成就某一「哲學理論」。

因此，在人類有「改變」自然環境的「向上」意願前，皆非文化精神的定型階段，唯有「自覺心」（文化之大本）運行於經驗世界時，才有「方向」（文化個體性）可言，故勞思光說：

> 文化精神之定向與形成，以自覺的價值意識及人生態度爲標誌；這種自覺性又顯現於理據及系統化兩面。換言之，一個民族在不可詳考的遠古生活中，即必有一套非自覺的風俗，信仰等等，也必有一些想像的意境；這些東西到了這個民族進入文化的自覺階段時，即通過某種自覺的選擇，而被容納或淘汰。支配這種容納及淘汰活動的自覺意識，方是代表這一文化精神的特性的，那些原始的素材，在文化精神的形成過程中，只有「被處理」的身分，而並無主動性，亦不能代表文化精神的方向。〔註8〕

在文化精神尚未定型前，人類對自然環境只是作機械反應，並非自覺的應付活動，此時只有風俗與信仰；直到人類能跳脫自然環境的制限，自覺選擇（文化之大本）某一「方向」作爲統一性原則，對已有的風俗、信仰進行容納或淘汰的活動，最後被容納的原始素材，才算是文化精神之定型，即「文化個體性」，〔註9〕由此產生某一「文化現象」。明確地講，「文化精神問題的設準」必預認「文化之大本」（主體性本身），否則「文化個體性」或「方向」（對主體性的描述內容）即無從談起，勞思光說：

> 所謂文化精神，原即指文化活動背後之自決或自主之成素，它可以被描述爲「自由意志」或「自覺心」。這種成素只表一形式意義的活動方向；……可以說是意志的方向或自覺的方向。所謂「方向」，自然是就一個活動講；但自由意志或自覺只是一個能活動的主體；它要獲得內容，就必須穿入現象領域。……自覺要求只是一個定向力，由此定向力所決定的文化活動，本身必表現爲一組事象；換言之，

〔註8〕 勞思光，《新編中國哲學史》（一），頁74。

〔註9〕 文化個體性必有「統一性」原則，故有「重智、重信、重德」之分，透過該原則範定經驗世界，而成就此文化個體性之下特殊的「文化現象」。勞思光著，《文化問題論集新編》，頁190云：「凡是文化精神必有一統一性，在其所偏長處表現其長，在其短處亦必表現其短。此種統一性不是故意造成，凡文化精神必如此，因自覺之方向正以統一性爲基本動力。」

文化精神必表現於事象中而實現其自身。〔註10〕

「自由意志」或「自覺心」即「形式意義的活動方向」，也是主體自覺的「向上」意願，故爲「主體性本身」或「文化之大本」，未涉及「內容」。若要涉及「內容」，必須預認「事象領域」或「經驗世界」，否則沒有可供「自由意志」或「自覺心」運行的「場域」，導致「主體性本身」只是個虛名，徒具形式符號的意涵。

預認事象領域爲「有」之後，主體即透過自覺選擇的活動，即「文化之大本」運行於經驗世界裡，決定某一「方向」，進而改變事象領域，此「方向」即「對主體性的描述內容」或「文化個體性」，也就是「內容意義的活動方向」。

至此，便可提出「文化精神問題的設準」所顯示的問題：「在世界文化史上，有哪些定型的文化精神？」現整理如下：

（1）重智精神──希臘文化──認知決定關係境域──認知心。

（2）重信精神──希伯來文化──信仰外在權威神──宗教心。

（3）重德精神──印度文化──價值完成自我超昇──宗教心。

（4）重德精神──中國文化──價值完成正當秩序──道德心。

勞思光曾以自覺心之三面活動的理論設準，即「價值意識、權威意識、認知意識」作爲未定型之文化精神（文化之大本）的三塊基石，〔註11〕就文化本身而言，三者應視爲平行並列的關係，但在文化史中，各民族只拾取其中一塊爲主，其它兩塊未被「取消」，而從屬被拾取的基石，形成一者統攝其它二者的上下層級關係，而有不同的定型之文化精神（文化個體性），此爲「重」的意涵。勞思光說：

> 自覺心靈中價值意識、權威意識和認知意識並非有一個可以獨存，可以獨佔心靈全域。這三重永遠是三重。文化精神在混沌心靈中未顯豁定型時，這個三重組合即以混雜糾結的假統一形式存於混沌心靈內，但一至文化精神顯豁，到定型階段，則這三重意識即有歛發

<hr>

〔註10〕勞思光著，《中國文化要義新編》，頁 5，《思光學術論著新編》（一），共 13 卷，香港：中文大學出版社，2002 年 1 版 3 刷。

〔註11〕勞思光著，《文化問題論集新編》，頁 14 云：「就知識說，只有對於對象和關係的決定；對於價值說，則有自覺的統一，和知識的分裂性不同。⋯⋯對絕對的權威，只能有絕對的順從。這是信仰的特性。」此設準後來衍伸爲「自我境界之劃分的設準」，價值意識爲「德性我」，權威意識爲「情意我」，認知意識則爲「認知我」，參閱勞思光著，《哲學問題源流論》，頁11。

升降之不同，因之即形成主從關係。這種主從關係一經形成，常是
三重組合中之一單元居於主位，其餘皆成從屬。由此發展，為主之
單元即成為一文化之基石，亦即為一文化 精神之方向決定者。而自
另一面說，受如此決定之文化精神，亦遂表現一種特殊的個體
性。……自覺心的三面並非可任意減約消除者，不同的自覺方向，
雖衍生不同的文化精神，……主從關係之不同，決定特異的文化個
性，但在有此特殊個性之文化精神下，自覺心靈活動仍然運行，只
是受此一主從關係之限定而已。〔註12〕

當自覺心未運行於經驗世界時，三塊基石只是形式的可能，是平行並列的關
係，此為「文化之大本」；當其運行於經驗世界後，三塊基石成為真實的可能，
但人在經驗世界裡是「自覺」與「限制」的雙重性存在，故自覺心運行時必
須涉及某一「方向」，即只能選擇其一為上層，其它兩者為下層，被選擇的那
一塊基石成為「文化個體性」，即文化精神之定型，而有「重智、重信、重德」
三者，分別對應「知識、權威、價值」三塊基石。若從「認知心、宗教心、
道德心」三者來看，重智精神為「認知心」，即希臘文化；重信精神為「宗教
心」，即希伯來文化；而重德精神可再劃分為「宗教心」與「道德心」兩型，
即印度文化與中國文化。

　　在希臘「重智精神」下，人類心靈駐於關係境域中決定對象，智性主體
以認知心制定經驗世界；在希伯來「重信精神」下，人類心靈是設立超越關
係境域的外在權威神，信仰主體在「原罪」觀念下以宗教心絕對順從創世主；
在印度「重德精神」下，人類心靈注重自我內在昇進的活動，德性主體以宗
教心使自我超越關係境域；在中國「重德精神」下，人類心靈要在關係境域
中創造正當秩序，德性主體以道德心規範經驗世界。進而言之，勞思光眼中
的「哲學」是「文化精神」（文化個體性）的產物，故重智文化產生重智哲學，
重德文化產生重德哲學，但重信文化未能產生重信哲學，而只有宗教。〔註13〕

〔註12〕勞思光著，《文化問題論集新編》，頁46至47。
〔註13〕拾取「權威」基石的耶穌基督，其教義只有「宗教」成分，無任何「哲學」成
　　　　分，故從未有「重信哲學」出現於歷史上，或許有人會問西方中世紀哲學不是
　　　　「重信哲學」嗎？就勞思光文化哲學的立場而言，西方中世紀哲學仍是「重智
　　　　哲學」，因重信文化主要在對外在權威的絕對順從，即「信仰神」；而西方中世
　　　　紀哲學是將希臘重智哲學中的「實體」代換成「上帝」，即「說明神」，而「說
　　　　明」本身仍是「重智哲學」的特性。參閱勞思光著，《哲學問題源流論》，頁164
　　　　至165。至於拾取「價值」基石的印度諸教義，除了具「宗教」成分外，仍有「哲

換言之，在世界文化史上，只存在德智兩大哲學體系。

歸根結蒂，「文化之大本」以主體自覺的「向上」意願為特性，故具價值自覺的成分。也就是說，某一民族在選擇某一「方向」作為「文化個體性」的統一性原則時，已對此「方向」賦予「應該」。例如希臘重智精神拾取「知識」這一塊基石為其「方向」，但「知識」本身不能涉及「方向」義，背後必被「價值自覺」所推動，〔註14〕即「求知識」中「求」的活動，這才具有「向上」意願的內涵。

第二節　自我境界問題的設準

從「主體性本身」與「對主體性的描述內容」來看，可分為「自我本身」

學」成分，此成分即「心性論」，故為「重德哲學」。勞思光著，《新編中國哲學史》（三上），頁3云：「佛教之宗教面，本書中不能涉及。就其哲學面言之，則佛教哲學是與先秦儒學不同之心性論哲學；其精采處皆落在價值問題上。」共三卷四冊，臺北市：三民書局股份有限公司，2007年1月重印3版4刷。由此可看出勞思光雖視「哲學」與「文化」不可分，但「文化精神」是邏輯地先於「哲學」的，本論文第二章，〈勞思光的主體性觀念之釐清〉，頁29至30，註17，勞思光以「問」與「答」的活動連結兩者。嚴格地講，「文化之大本」運行時有一不被決定的自覺之「問」的活動，該「問」決定一「方向」，即「文化個體性」，但「問」之後的「答」卻有「哲學」與「宗教」兩種可能，故希臘重智精神的「答」產生「哲學」，希伯來重信精神的「答」產生「宗教」，中國重德精神的「答」產生「哲學」，印度重德精神的「答」則產生「哲學」與「宗教」。進而言之，在勞思光眼中，「哲學」與「宗教」皆統攝在「文化」之下。

〔註14〕勞思光著，《哲學問題源流論》，頁10，註12云：「認知活動本身不能有方向；此因認知活動只涉及『是甚麼』──性質的或關係的，而不涉及『應如何』。方向義在『是甚麼』之範圍中不能成立。……如吾人謂知識如何是真、如何是錯誤時，則可在認知活動中決定之，因為這仍是在『是甚麼』範圍內之問題。但要決定『應該真』時，則認知活動對此無能為力。……人所以求『真』而拒誤者，非認知活動本身之決定使然，乃由認知活動背後之價值自覺推動者。」須注意者，此「求『真』而拒誤」之「價值自覺」，應是「文化之大本」，而非「德性我」，兩者雖皆以「價值自覺」為主，但不可混為一談。因「文化之大本」是在主體「向上」意願的預認下行價值選擇，故有「知識、信仰、價值」三塊基石可供選擇，而「德性我」是「文化之大本」運行時選擇以「價值」為方向下的「文化個體性」，兩者實有上下層級之分。明確地講，「文化之大本」涉及「以什麼為應該」，「德性我」則涉及「應該或不應該」，若將兩者混為一談，則可以說「知識與信仰是應該或不應該」，這將造成理論困難。換言之，「文化之大本」以「價值」為「應該」時，並非同時將「知識」與「信仰」視為「不應該」，兩者只是從屬於「價值」之下，不能被取消，此即「重德精神」。

與「自我境界」，前者是不涉及「內容」的自覺心，後者則是自覺心運行時涉及的不同「內容」，此思路與上述「文化之大本」與「文化個體性」相類。進一步說，「文化個體性」必預認「經驗世界」爲「文化之大本」運行之「場域」，而「自我境界」必預認「形軀」爲「自我本身」運行之「場域」。〔註15〕

　　然而，「文化之大本」與「自我本身」雖皆是「主體性本身」，但兩者運行於各自的「場域」時，則有「對主體性描述內容」的不同，即「文化之大本」運行時必以主體「向上」意願爲基礎，故無所謂以「形軀」爲方向的「文化個體性」，否則即爲「反文化精神」或「文化之逆流」；而「自我本身」運行時主體有「向上」與「向下」兩種可能，故「形軀我」可劃歸爲「自我境界」之一。〔註16〕有關「自我境界」，勞思光說：

〔註15〕張燦輝撰，〈勞思光早期思想中的自我問題〉，收錄於劉國英、張燦輝合編《無涯理境——勞思光先生的學問與思想》，頁35云：「儘管形軀我並非是自由自覺的我，但它仍是『我』。其中更涉及一弔詭：所有自我的活動不可離開形軀我的活動。認知我、德性我和情意我仍需要一形軀我作爲實現認知、德性以及情意諸活動的『工具』。」香港：中文大學出版社，2003年。然則，「形軀我」既是「自我境界」之一，仍是「自由自覺」活動下的「我」，只不過這個「我」是「否定自由自覺」的「我」，該「否定」仍以「自由自覺」爲推動力。若依張燦輝的說法，則「認知、德性、情意」三個「我」在理論程序上，應在「自我本身」決定以「形軀」爲「我」之後，換言之，要「決定」駐於三個「我」之前，必先「決定」以「形軀」爲「我」，這將產生理論困難，畢竟「形軀」與「形軀我」是兩回事。進而言之，當「形軀我」成爲「工具」時，已不再是「我」，而是「形軀本身」。「形軀」本身無境界可言，它只是作爲「自我本身」運行時預認的「場域」，如同「經驗世界」本身無文化可言，它只是作爲「文化之大本」運行時預認的「場域」。至於「自我本身」運行時是否要以「形軀」爲方向而造成自甘「向下」的物化活動，與「文化之大本」運行時是否要肯定「經驗世界」而造成自然主義的「否定文化論」，這是勞思光文化哲學的一大問題。

〔註16〕參閱勞思光著，《新編中國哲學史》（一），頁143、238。頁143與238的不同在於「『形軀我』是否爲『自我境界』之一？」頁143將其列入，而頁238將其排除，表面上似乎矛盾，其實這是理論層次的不同，頁143是勞思光就純理論劃分來講，「形軀我」既爲「自我本身」運行時可能涉及的內容，則確爲「自我境界」之一；頁238是勞思光就其文化哲學立場來講，他認爲文化本身是基於主體自覺活動的「向上」意願，故自甘「向下」的「對自我的否定」之「形軀我」，在此意義下，必被排除在外，因其乃「反文化」的精神，不應爲「自我境界」（文化個體性）。嚴格地講，「自我本身」運行時，即有「向上」與「向下」兩種可能，在此層面談境界，則有上述四個「我」；但「文化之大本」運行時，只有「向上」的可能，則只能有對應重智精神的「認知我（制定關係境域成就知識）」、對應重信精神的「情意我（信仰外在神成就權威）」、與對應重德精神的「德性我（建立正當秩序成就價值）」（中國文化），無所謂

> 所謂自我境界，就指自覺心在各層活動中以哪一層爲究竟而言；用
> 常識的詞語來講，亦可粗略地說，自我境界即指「以甚麼爲我」之
> 自覺說。……在自覺心之活動中，心自身留駐的一層即指述爲自我
> 境界。……凡是自覺活動，皆必植根於一活動之主體；此主體泛稱
> 之爲「我」。此我乃統攝之主，非在任何意義上被決定者，故不能化
> 入任何條件系列。〔註17〕

自覺心即「自我本身」的特性，它不是「被決定」者，故跳脫條件系列。條件系列即因果關係，安頓在經驗領域，例如「無花果的種子」必生長出「無花果」，此「無花果的種子」即「因」，「無花果」即「果」，但我們無法在經驗領域中找出決定「自我本身」的「原因」，此爲超經驗與經驗領域的不同，故「自我本身」即「不被條件系列決定的決定者」，不能以經驗領域的「因果關係」來理解，因其不能化入條件系列。至此，即可提出「自我境界問題的設準」所顯示的問題：「我以什麼爲我？」〔註18〕現整理如下：

（1）認知我──以知覺理解及推理活動爲內容。

（2）德性我──以價值自覺爲內容。

（3）情意我──以生命力與生命感爲內容。

（4）形軀我──以生理及欲求爲內容。

就理論劃分而言，即「自我本身」以「形軀」爲「場域」運行時所涉及的四種內容，〔註19〕即「自我境界」。也就是說，當自覺心運行時，便有「我如何活動」的問題，該活動不能從「客體存有」解釋，只能從「主體活動」解釋，這是哲學語言中「存有」與「活動」兩大領域的分別，不能混爲一談。至於

「形軀我」可言。其中印度文化較爲特殊，雖爲重德精神，但以「宗教心」爲主，故爲「自我內在超昇成就價值」，同時具「情意我」與「德性我」成份，與以「道德心」爲主的中國文化大異其趣。有關「宗教心」與「道德心」的不同，參閱勞思光著，《儒學精神與世界文化路向》，頁220至223，此可通至其「引導型哲學」。

〔註17〕參閱勞思光著，《哲學問題源流論》，頁8。

〔註18〕此兩個「我」意涵不同，前者的「我」爲「自我本身」，後者的「我」爲「自我境界」。要使「自我境界」成爲可能，必預認「自我本身」，若無「自我本身」，則「我如何決定」的「決定」即不可能。

〔註19〕勞思光著，《哲學問題源流論》，頁9云：「自我由於不在條件系列中，故無限制，而亦因不受決定故，自我成爲如何，亦無保障；因此此自我之境界可以萬殊。現分爲三，乃一種劃分法。我不認爲只有此一種劃分可能；但如此劃分，確有極高之理論效力。」

為何「我」不能以「存有」解釋？因「存有」必須安頓在關係領域裡，就算我們賦予其超關係領域的意涵，該「存有」至多為「超越客體」，仍未涉及「超越主體」。也就是說，「自我本身」在運行時預認的「場域」（形軀）安頓於關係領域裡，而「形軀本身」無所謂「自我」，如同「經驗世界」無所謂「文化」，兩者皆以「主體性本身」為根源，當其運行時，就有「自我境界」與「文化個體性」對主體性描述的內容之不同。就上述四個自我境界而言，勞思光說：

> 凡是一經驗的存在，必是一條件系列中被決定之存在：……人之形軀與動物之形軀乃同一類之動物機體，亦由一組條件決定。……形軀並非「自我」：形軀乃永在條件系列中者，生理與心理結構，皆在條件下被決定只是事象而非「自由的主體」。……所謂形軀我，即指「以形軀為我之自我活動」，因形軀在事象系列中，無獨立性，故「以形軀為我」之「自我活動」，使自我不再成為自我，即所謂失去主體自由，而成為自身之否定。由此，形軀我雖可說是自我之一境，但此境乃自我之自身否定，亦是主體自由自身之否定，不能與顯現主體自由之自我三境並列。……德性我所顯現者為絕對之主宰，有無限普遍性；認知我則只顯現一建構之主宰，但在此範圍中，亦有無限普遍性。……情意我顯現一種有限的主體自由、有限的主宰性，其普遍性亦有限。德性我所關者為人生之道德層，認知我所關者為人生之知識層，情意我所關者則以藝術面為主。……情意我自身亦顯現一價值，因其能顯現對形軀我之超越，而此超越即顯現主宰及主體自由。……但情意我皆有所執，其所超越由所執映顯而見。故情意我本身不能實現普遍價值，其超越形軀僅為力之表現，而非理之表現。〔註20〕

〔註20〕勞思光著，《存在主義哲學新編》，頁142至146，香港：中文大學出版社，2001年修訂版。若從「自我本身」來看「對形軀我之超越」，則有兩種可能意涵，第一：就「文化之大本」而言，在只有「向上」的意願下，「形軀我」確實無法與其它三個「我」並列，是上下層級關係，故「文化之大本」運行的當下確實是「對形軀我之超越」。第二：就「自我本身」而言，在四個「我」皆為「境界」的假定下，應視為平行並列的關係，即先預認尚未涉及內容的「自我本身」與其運行時必須預認「形軀」為「場域」，當「自我」駐於「形軀我」之境界時，先通過「自我本身」的「向上」意願否定「形軀我」，此時尚未成為「情意我」，而是進至「自我本身」的狀態，故未涉及任何「內容」，換言之，是一潛存「向上」與「向下」的可能性之「自我本身」階段，不同於「文化之大本」運行時必然地「超越形軀我」，它仍有「向下」並「落入形軀我」的可能，故「自我本身」必須決定以「向上」意願運行，自覺選擇以生命力

「自我本身」以「形軀」爲「場域」運行時，有「向上」與「向下」兩種可能。「向上」即肯定「主體自由」，「向下」則否定之。然在根源上，兩者必預認「主體性本身」，故「形軀我」仍是「自我境界」之一，只不過無法與「認知我、情意我、德性我」並列，原因在主體自覺「向上」與「向下」的不同。進一步說，就「向上」而言，可通至「文化之大本」；就「向下」而言，則是「文化之逆流」，故無所謂以「形軀我」爲方向的「文化個體性」，否則將與「文化之所以爲文化」的本質悖離，這是掌握勞思光文化哲學立場的關鍵。

　　「求」的活動爲「自我本身」，不涉及「內容」；「求什麼」的活動則爲「自我境界」，在「向上」意願中可涉及「眞、善、美」三種不同「內容」。德性我即「求善」的活動、認知我即「求眞」的活動、情意我即「求美」的活動。「善」安頓在應然領域的「道德層面」裡，當我們說「某件行爲應該或不應該」時，是在作「價值判斷」（求善）的活動，此活動以德性我的「價值自覺」爲根源；「眞」安頓在實然與必然領域的「知識層面」裡，當我們說「某個知識眞或假」時，是在作「知識建構」（求眞）的活動，此活動以認知我的「推理自覺」爲根源。「求眞」與「求善」可對應〈導論〉所言的「知識的傳達」與「價值的溝通」兩大哲學功能，故具無限的普遍性；至於「美」則安頓在應然領域的「藝術層面」裡，當我們說「美或不美」時，是在作「藝術鑑賞」的活動，此活動以情意我的「審美自覺」爲根源。〔註21〕然而「求美」無法如同上述兩者具無限普遍性，雖有藝術品作爲「對象」，但只能經由人的生命力去感受，無法透過認知力去建構；雖可對藝術品下「價值判斷」，但該「價值」只能訴諸個人的生命感受，只具有限的普遍性。至於形軀我，則是由「認知我」所劃出者，〔註22〕認知心主要是認識與控制經驗世界，即制定關係領域，故有「關係中的自由」，仍具主體自覺「向上」的內涵，當其「向下」時，則「自我本身」在運行時完全封鎖在「形軀」內，把關係領域賦予「絕對」的意涵時，造成對「文化之大本」的否定，〔註23〕因無所謂普遍性，故無「知

　　　與生命感爲「內容」，才能駐於「情意我之自我境界」，即「對形軀我之超越」。
〔註21〕須注意者，勞思光對「情意我」的使用相當廣泛。就文化之大本而言，涉及「宗教心」，可衍伸爲希伯來重信精神之「權威意識」與印度重德精神之「捨離精神」；就自我本身而言，涉及「鑑賞心」，可衍伸爲中國道家哲學之「審美意識」。
〔註22〕參閱勞思光著，《新編中國哲學史》（一），頁239。
〔註23〕在勞思光尚未提及「形軀我」的早期文章中曾以「常識境界」爲例說明之，大意是精神封鎖在實然中的境界，使得「常識」的意義不是相對的而是絕對

識的傳達」與「價值的溝通」之可能，也無所謂跳脫條件系列的「生命感與生命力」，只是一化入條件系列的「生理與欲求」，僅有其特殊性。

第三節　世界觀問題的設準

　　無論「文化個體性」之間有如何的差異，我們不能否認在根源上必預認「文化之大本」，與其運行時必預認「經驗世界」爲「場域」。若不預認此「場域」爲「有」，則所謂「世界觀」即成爲不能講的問題。

　　前面提到「世界觀問題的設準」統攝勞思光的「價值自覺之二型的設準」與「世界意義之設準」，〔註24〕這兩個設準是建立在「宗教心」與「道德心」的不同上，包含希伯來重信精神的「宗教心」、中國重德精神的「道德心」、與印度重德精神的「宗教心」。勞思光之所以要分成兩個設準，主要是發現印度文化中佛教之心的特殊性，故「價值自覺之二型的設準」只涉及希伯來與中國文化的不同，即「超越內在之主宰」的「道德心」與「超越外在之主宰」的「宗教心」，換言之，該設準是處理「價值」根源於「內在自我」或「外在權威」的問題。至於「世界意義之設準」只涉及中國與印度文化的不同，即「肯定世界」的「化成」與「否定世界」的「捨離」。

　　筆者認爲「世界觀問題的設準」可統攝上述勞思光使用的兩個設準，因往深處看，我們可再追問：「所謂『肯定或否定世界』的『世界』是什麼？」至此，即可提出「世界觀問題的設準」所顯示的第一個問題：「自覺心對『世界』採取的意義有哪些？」現整理如下：

　　　　（1）自然世界——經驗意義的世界——認知心。
　　　　（2）文化世界——規範意義的世界——道德心。
　　　　（3）彼岸世界——超驗意義的世界——宗教心。
第二個問題：「自覺心對『世界』的態度爲何？」現整理如下：
　　　　（1）肯定世界——化成態度——健動的主體自由。

　　的，這在知識方面表現出淺薄無知，對文化無所貢獻，在道德方面則成爲一個不懂善惡是非的狡滑動物，只能縱肆慾望，不講道理。參閱勞思光著，《哲學與歷史》，頁69至71。可是勞思光並非否定「常識」本身，他所反對的是人們將「常識」絕對化的態度。也就是說，「常識」應是「相對」的，當被絕對化時，必導致現前已普遍化知識（常識）的教條化，人不再嘗試探尋未知的事物，結果造成文化活動的停滯，無任何發展可言。
〔註24〕參閱勞思光著，《哲學問題源流論》，頁11至15。

（2）否定世界──捨離態度──靜斂的主體自由。

（3）征服世界──制定態度──關係的主體自由。

（4）觀賞世界──捨離態度──靜斂的主體自由。

兩者合而言之，可得出世界文化史中不同「文化個體性」對「世界」的看法。我們應承認，若要對「世界」提出一套觀點，必預認「經驗世界」為「有」，否則「文化之大本」無可供運行的「場域」，所謂「文化」便成為不可能。也就是說，「文化」必以人類面對「經驗世界」時有「改變」的需要而產生，此「改變」即「人為」，與「自然」對照，〔註25〕故「人為」的活動必預認「主體性」觀念。

希臘重智精神，以「認知心」面對經驗世界，是要探索形成該世界的根源，其中對「實體」觀念的討論，形成「重智哲學體系」，〔註26〕目的是要制定關係境域。智性主體降入經驗世界內，是要以認識與控制的活動為統一性原則運行於經驗世界中，故為「征服自然世界」的態度，即「關係的主體自由」。

希伯來重信精神，以「宗教心」面對經驗世界，設立「外在權威神」於「彼岸世界」內，其中對「上帝」觀念的描述，形成「重信宗教教義」，目的是要尋找一個有超越性的主動者。信仰主體降入經驗世界內，是要在背負「原罪」的預設下，以絕對順從的活動為統一性原則運行於經驗世界中，故為「捨離此岸世界、肯定彼岸世界」的態度，即「靜斂的主體自由」。

中國重德精神，以「道德心」面對經驗世界，是要在該世界中建立正當秩序，其中對「德性」觀念的討論，形成「重德哲學體系」，目的是要創造規範實現於關係境域中。德性主體降入經驗世界內，是要以創生應然的活動為統一性原則運行於經驗世界中，故為「化成自然世界、肯定文化世界」的態

〔註25〕勞思光著，《中國文化路向的新檢討》，頁3至4云：「所謂『自然的』即已給與的存在，而不是自覺地被造出的：相對地，文化則指涉一自覺性、創造性而言。……就文化之為一創造性的活動言，其呈現即為秩序性，而秩序性即隱含一目的性概念。『自然』是有一規律性，但它不同於秩序性。……我們用秩序性來指涉文化活動的特性，意即文化的創造性表現出一種建構的秩序以滿足某種目的。」臺北市：東大圖書股份有限公司，中華民國82年2月初版。勞思光著，《文化哲學講演錄》，頁52亦云：「文化和自然作對比時，意義是較為清楚的，因為文化一定是人做出來的，我們現在就說任何一個意志現象，它若有人的意志的成分，是人有意識地做出來的，它就屬於文化的領域。」《思光學術新著之一》，香港：中文大學出版社，2002年。

〔註26〕有關希臘重智哲學「實體」問題的演變，參閱勞思光著，《文化問題論集新編》，頁144至150。

度，即「健動的主體自由」。

印度重德精神，以「宗教心」面對經驗世界，是要在該世界中求自我內在的超昇，其中對「解脫」觀念的討論，形成「捨離宗教教義」與「重德哲學體系」，〔註 27〕目的是要在「此岸世界」中超越自我，進至「彼岸世界」。捨離主體降入經驗世界內，是要在背負「生命之苦」的預設下，以離苦的活動爲統一性原則運行於經驗世界中，故爲「捨離此岸世界、肯定彼岸世界」的態度，即「靜斂的主體自由」。

至於「觀賞世界」較爲特殊，雖然它不曾在世界文化史上成爲某一「文化個體性」的統一性原則，但仍有列舉的必要，因其與勞思光的文化哲學立場息息相關。它以「鑑賞心」面對文化世界，是要在該世界中求自我內在的超昇，目的是要否定「文化世界」，進至「自然世界」，故爲「捨離文化世界、肯定自然世界」的態度，雖爲「靜斂的主體自由」，但跟希伯來與印度文化的「宗教心」對「此岸世界（包括自然與文化）」的「捨離」不同，它只對「文化世界」進行「捨離」，仍未完全捨棄「此岸世界」，此可通至「否定文化論」，但又非以「形軀我」爲方向的「文化之逆流」，因其對「自然世界」仍有某種「價值」的要求，故可稱爲「自然主義的文化理論」，然而這在勞思光眼中，仍是「否定文化論」。〔註 28〕

第四節　價值根源問題的設準

在列舉出該理論設準的內容前，應先釐清何謂「價值」。勞思光以「實然、必然、應然」三種語言的不同功能，對應三種不同的問題爲例說明之：

> 我們通常能想到的各種問題，雖然似乎種類繁多，但分別起來，不
> 外三種：第一種是：「是怎樣」的問題——也就是事實問題。第二種

〔註 27〕中國與印度文化同爲「重德哲學體系」，相同處是在對價值問題的探討，以勞思光對哲學定義問題的看法而言，即兩者同爲「心性論哲學」；相異處是中國文化以「道德心」爲主，要在「此岸」成就價值；而印度文化以「宗教心」爲主，要在「彼岸」成就價值，以勞思光對哲學功能的看法而言，即兩者的「引導型哲學」的內涵不同。

〔註 28〕此爲勞思光文化哲學立場下對道家精神的論斷。有關「否定文化論」，參閱勞思光著，《新編中國哲學史》（一），頁 273 至 275。有關「自然主義的文化理論」，參閱勞思光著，《虛境與希望——論當代哲學與文化》，頁 142 至 145，《思光學術新著之二》，香港：中文大學出版社，2003 年。

是：「會怎樣」的問題（或「如怎樣，則怎樣」的問題）──就是規
律問題。第三種是：「應該怎樣」的問題──就是價值問題。……我
們說「應該」時，原是意味到一種約束力的。……當我們說「應該」
的時候，我們的意思就是在說一種普遍規範。〔註29〕

實然即「事實描述性的語言」，例如「A殺人」；必然即「規律解釋性的語言」，
例如「因為……，所以A殺人」；應然即「價值規範性的語言」，例如「無論
有何理由，A殺人的行為本身是『不對』的」，此「不對」既不是「事實」，也
不是「規律」，它是人類對「普遍規範」的要求，有約束任何人的力量。至此，
即可提出「價值根源問題的設準」所顯示的問題：「『應該不應該』如何可能？」
現整理如下：

　　1. 歸於「心」──即「主體性」。
　　2. 歸於「天」，可分兩類：
　　　　（1）非人格化之「天」──即「自然」。
　　　　（2）人格化之「天」──即「權威」。
　　3. 歸於「形軀」──即「利」。

「心」即中國重德精神的「道德心」，「應該不應該」是在「道德心」運行時，
肯定其以「自覺心」為歸宿，故可歸於「主體活動義」；「天」的非人格化即
「自然世界」，上述「世界觀問題的設準」中「觀賞世界」的態度即採此立場，
「應該不應該」是在「鑑賞心」運行時，肯定其以「自然世界」為歸宿，故
可歸於「客體存有義」；「天」的人格化即希伯來重信精神（上帝）與印度重
德精神（吠陀）的「外在權威神」，「應該不應該」是在「宗教心」運行時，
肯定其以「彼岸世界」為歸宿，故可歸於「客體存有義」；「形軀」即「自我
本身」運行時自甘「向下」的活動，這是希臘重智精神發展下的必然結果，〔註

〔註29〕勞思光著，《哲學淺說新編》，頁21至24，《思光學術論著新編》（四），共13
卷，香港：中文大學出版社，2000年1版2刷。另可參閱勞思光著，《中國文
化路向的新檢討》，頁14至15。

〔註30〕希臘重智精神是拾取「知識」這一塊基石「為主」，「信仰、價值」則「為從」，
故「價值問題」被「認知心」作為關係境域中的問題來處理，但「價值」本身
是一方向，必須在超關係境域中尋找根源，故重智精神下所謂「價值根源」只
能在關係境域中尋找，「認知我」既只能有「關係中的自由」，當不再承認有超
關係境域時，「自我本身」向上的「認知我」則向下為「形軀我」，一切價值問
題皆由「感官」作處理。至於希伯來重信精神是拾取「信仰」這一塊「為主」，
故「價值問題」被「宗教心」作為超關係境域中的問題來處理，根源於「外在

30） 「應該不應該」是在「認知心」運行時，將「自我」完全封鎖在關係境域內，最後肯定其以「感官享受」爲歸宿，故可歸於「形軀我」。

第五節　道德心境域問題的設準

價值除了「根源義」外，尚有「完成義」，故該理論設準主要列舉「價值完成」的活動可能涉及的內容。道德心即「自我本身」（主體性本身）駐於「德性我」時涉及「應該不應該」的內容，但這只以「形軀」作爲「場域」時涉及的「內容」，即「價值自覺」（對主體性的描述內容），尚未面對「經驗世界」，故「道德心境域問題的設準」是「德性我」運行時必預認「經驗世界」爲「場域」所涉及的問題，這與上述「世界觀問題的設準」是不同的「文化個體性」運行於「經驗世界」時，涉及對世界意義與態度的問題，已有理論層次的不同。也就是說，「道德心境域問題的設準」是孤立分析「德性我」運行時要實現價值於「經驗世界」中所涉及的內容，即「個人事務」與「超個人事務」的問題，分別涉及兩種不同的「境域」，但尚有第三種「境域」，勞思光說：

> 就道德心之實現價值說，除一一個別的事內部之理必須實現外，此事之境域之本性亦須籠罩於道德心之下而實現之。單一主體與眾多主體形成二不同境域，實現境域之本性亦是實現一理，亦爲應然；所不同者，只是境域是就主體活動本身之模式說，其較之個別的事之理又高一層。但無論高低，皆爲道德心之實現價值活動所在。倘全面地就道德心之運行說，可說有三種：第一種爲直接運行，相應於單一主體境域；第二種爲間接運行，相應於眾多主體並立境域；第三種爲超越化之運行，相應於主體（無論單一或眾多）之內境。……就問題而言，第一是個別事之如理處理的問題，……第二是對於處理（任何一事之處理）本身正當問題，此即權力問題。……由此而有國家制度等問題。另一面亦涉及知識問題。第三是，各主體實現最高自由之保證問題，即對於一主體或眾多主體說，道德心在實然

權威神」，因要求對超關係權威神的「絕對順從」，故具一定的約束力量，不至於如希臘重智精神般最後落入「形軀我」的困境。由此可理解當今西方文化爲何是「知識」與「信仰」分立並存的現象，而沒有一方壓過另一方的情形，原因是重智精神無法處理「價值問題」，只能劃歸爲「宗教問題」處理之，故無法捨棄基督教義。參閱勞思光著，《文化問題論集新編》，頁 22 至 36。

過程中之實現其活動，如何作一保證的問題，此涉及道德心之超越化，即涉及宗教問題。〔註31〕

單一主體境域處理「道德生活」問題，及眾多主體並立境域處理「政治生活」問題，前者為道德心運行於「經驗世界」中所涉及者，即直接運行於「對象世界」中，而有主客間的問題，須預認「主體性」觀念，後者則為道德心間接運行於「眾心世界」中，而有主體與主體間的問題，須預認「交互主體性」觀念。至此，便可提出「道德心境域問題的設準」所顯示的問題：「價值自覺運行於經驗世界時，會面對哪些問題？」現整理如下：

（1）單一主體統攝境域——個人事務——直接運行——主客間的問題。

（2）眾多主體並立境域——超個人事務——間接運行——主體與主體間的問題。

（3）主體超昇境域——宗教事務——超越化運行——一心或眾心之昇進問題。

眾多主體並立境域，必以單一主體境域為基礎，是在「主體性」觀念的預設下「外加特性」者，此為勞思光晚期文章〈論非絕對主義的新基礎主義〉中，從「自然世界」與「文化世界」的對分下，討論四種意義領域，彼此是上下層級關係，各自有獨特的屬性，彼此無法取代，上一層是下一層的「外加特性」者，〔註32〕換言之，眾多主體並立境域，必以單一主體境域為基礎另加意義者，即「交互主體性」觀念，故由最下層至上層分別為：物理的存在領域、有機的存在領域、自主的活動領域、交互的活動領域。〔註33〕也就是說，「外加特性」非自存有，而是「主體性本身」以「經驗世界」為「場域」運

〔註31〕勞思光著，《文化問題論集新編》，頁126至127。此為勞思光早期文化哲學的劃分法，主要是處理希臘、中國、印度三種文化精神對共同生活問題的看法，而到後期中國哲學研究中即排除「宗教問題」，因理論範圍鎖定在儒學對眾多主體並立境域的忽視問題。參閱勞思光著，《新編中國哲學史》（三下），頁489至491，共三卷四冊，臺北市：三民書局股份有限公司，2006年5月重印2版3刷。

〔註32〕勞思光著，《危機世界與新希望世紀——再論當代哲學與文化》，頁161云：「在一個存在的層級結構中，下層存在固然應視為上層存在的必要的基礎，卻不能充足決定上層存在的一切屬性。儘管上層存在的某些屬性可以通過下層存在來解釋，但上層存在可以由於『外加特性』而生出獨立的意義領域。……真正的『外加特性』仍是出現在以『自主性』或『自我意識』為中心的意義領域。」《思光學術新著之三》，香港：中文大學出版社，2007年。

〔註33〕參閱勞思光著，《危機世界與新希望世紀——再論當代哲學與文化》，頁159。

行時，對之賦予意義的活動。最下一層即「無機體」領域；有機的存在領域是在下一層外加「生命現象」的意義，即「有機體」領域，兩者合成「自然世界」，具「客體存有義」；自主的活動領域是在下一層外加「主體性」的意義，從「有機體」領域中抽出具自主性或自我意識的「人」這個類；交互的活動領域是在下一層，外加「交互主體性」的意義，從「單一自我」變成「眾多自我的交互關係」，兩者合成「文化世界」，具「主體活動義」。

第四章　儒家引導型哲學的特殊內容

　　前已討論勞思光的「主體性觀念」與「理論設準」兩大主題，本章隨即討論「儒家思想之原型」。但首先須解釋「儒家引導型哲學的特殊內容」與「儒家心性論哲學的特殊內容」理論脈絡間的關係；其次是解釋本章標題內涵及其與「儒家思想之原型」的關係。現試以「原型」爲基礎，「理論設準」爲線索，分兩點來說明：第一，以有無涉及「發展」觀念，區分廣、狹義的「儒家思想原型」；第二，順著第一步驟，從「思路」與「材料」探討廣、狹義的「儒家思想原型」的不同內涵。

　　就第一點來說，如〈導論〉所言，本論文所使用的「原型」，必然是「在哲學領域下的原型」，由此探究的「儒學」必不能與「哲學」分開，這是顯而易見的。確立「原型」背後所依的學科領域爲「哲學」之後，接著是解釋該領域的「特性」與「功能」爲何，前者對應「哲學定義」問題，後者則對應「哲學功能」問題，將兩者與「儒學」對應，則「儒學在哲學領域下的原型」中的「哲學領域」，即以「心性論」爲其特性，以「引導型」爲其功能，把儒學在此兩者下的「特殊內容」抽取出來，便構成「儒家思想之原型」。簡言之，本章所探究「儒家思想原型」的理論範圍，是集中在「哲學功能」或「引導型」這一面，至於另一面的「哲學定義」或「心性論」則留待第五章討論。然而所謂「哲學領域下的原型」，應以「哲學定義」爲主，還是以「哲學功能」爲主？甚至是將兩者合起來講？表面地看，本論文是將「心性論」與「引導型」兩者合起來探究「儒家思想之原型」，這似乎可行，但若只涉及此理論範圍，必會導致忽視勞思光在其《中國哲學史》中所持的「發展」觀念之後果，使「儒家心性論哲學的特殊內容」變成不能涉及者。由此，我們可再進一步

追問：何以「發展」觀念對「儒家思想之原型」的討論是必要的？對此，我們必須從哲學史角度來理解，任何學說在歷史脈絡中總是不斷地被重新解釋或改造，以儒學史為例，其之所以如此，不外乎是歷史中不同階段——先秦、兩漢、宋明——的儒者各自所處的時空背景不同，他們皆發現自己所肯定的原始學說，無法解決當前的時代問題，故有重新解釋與改造的要求。

然則，一切對原始學說作新的解釋或改造之理論成果，不必然是對該學說的「超越」與「進步」。如〈導論〉所言，任何學說在歷史脈絡中的「發展」不是永遠處於「步步上升」的情況，例如勞思光對兩漢儒學以「宇宙論中心哲學」，重新解釋與改造原始孔孟儒學，便是持反對態度，並將之視為儒學理論的「衰落期」，因其悖離孔孟的「心性論中心哲學」，直至宋明儒學才能逐步逼近孔孟儒學原旨，此為筆者提出「有升有降」解釋其「發展」觀念之基本內涵。

更重要者，若不預認「發展」觀念，而只就過去已有的文獻典籍來看，不可能理解勞思光何以認為儒家「心性論」的理論效力高於「宇宙論」或「形上學」，此更非只將「心性論」與「引導型」合起來探究「儒家思想之原型」所能涉及者。至此，可發現一值得討論的問題：就勞思光的儒學觀而言，何以從「宇宙論」與「形上學」的「客體性」觀念之思路解釋儒學就不能是「原型」，非要以「心性論」的「主體性」觀念之思路來解釋儒學才能奏效呢？要正面回應此問題，就不得不涉及勞思光《中國哲學史》中所建構的「儒學史觀」。嚴格地講，從本論文題目所涉及的理論範圍來看，其《中國哲學史》裡對儒學的發展與演變所建構的理論成果，就是第一手材料，故不能離開該材料本身，從過去已有的文獻中尋找答案，否則將偏離主題而輕重倒置，換言之，筆者是探究「勞思光的儒學觀」，而非「歷史典籍中的儒學」，如〈導論〉所言，本論文是採用研究哲學家的途徑。

因此，以「發展」觀念為線索，來看本論文對「原型」的定義問題，則只將「心性論」與「引導型」兩者合起來探究「儒家思想之原型」，將會面臨討論不夠周延的後果，該後果就是對「何以從『宇宙論』與『形上學』的客體性思路下所解釋的『儒學』，就不能算是『原型』」問題的忽視，進一步說，本論文之所以不能忽視此問題，更主要的原因仍在於該問題似乎就是當前學術界質疑勞思光的儒學觀之根據。從質疑內容來看，似乎言之成理，然究其實，該質疑本身便隱含學界只能掌握勞思光以「心性論」解釋儒學的一面，忽視其從「引導型」解釋儒學的另一面，故〈導論〉所言「只掌握一半」的理由即在此。

經由上述，可進一步討論廣、狹義的「原型」（本論文所使用的「廣狹」，是就「理論範圍」而言）。若不涉及「發展」觀念，則對「原型」的討論，便是將哲學「定義」與「功能」兩者合起來講，即儒家「心性論」與「引導型」哲學內容的合而爲一，從大方向來看，這仍可稱爲「儒家思想之原型」。但若是如此，根本不必涉及勞思光的「儒學史觀」問題，因就儒學史的演變階段而言，「心性論」只是其中一個理論模型，尚有「宇宙論」、「形上學」的理論模型，若只單從「心性論」這個部門來探究「儒家思想之原型」，將會陷入〈導論〉所言的「排斥」問題，﹝註1﹞故必須涉及「發展」觀念。也就是說，本論文對「原型」的建構之理論程序，是先要明確理解儒學的「功能」或「引導型」哲學的特殊內容，接著再將之與「心性論」、「宇宙論」、「形上學」三者合起來講，此可稱爲「廣義儒家思想原型」，與上述不涉及「發展」觀念的「儒家思想原型」之不同處，是必須涉及「儒學之『心性論』、『宇宙論』、『形上學』何者理論效力最高」的問題，而最終判定理論地位最高者，即可與「引導型」哲學合而爲「狹義儒家思想原型」。﹝註2﹞嚴格地講，「廣義儒家思想原型」是就哲學史演變階段的觀點而言，即勞思光以「心性論」、「宇宙論」、「形上學」來涵蓋儒學史所曾出現的哲學部門；至於「狹義儒家思想原型」，則是就哲學理論效力高低的判定而言，即勞思光從文化哲學立場反思過去的三種儒學理論模型，得出將「心性論」與「引導型」合一，更能彰顯儒學的特性與功能。至此，本章只涉及儒家「引導型」哲學的特殊內容（勞思光文化哲

﹝註1﹞ 參閱本論文第一章，〈導論〉第一節，〈釋題〉2，〈原型意義的釐清〉，頁10至11。若以此方式來討論「儒家思想之原型」，則兩漢儒學，宋明前中期儒學在此不涉及「發展」觀念的理論範圍下被排斥，導致我們無法給予其在儒學史中的適當定位，畢竟我們不能因這些階段不涉及「心性論」便不稱之爲「儒學」，故勞思光眼中「儒學」的真正特性究何所指？此即本章所要解決的問題，故在理論程序上，必須先從「儒家引導型哲學的特殊內容」開始談起。換言之，該特殊內容皆是「宇宙論」、「形上學」、「心性論」三種理論模型下的儒學所共有者。

﹝註2﹞ 本論文題目的「原型」之真正指涉即在此。雖在表面上，這仍是「心性論」與「引導型」兩者的合一，但此是在涉及「發展」觀念下所進行的哲學史與哲學理論問題之反省工作後所得。簡言之，此「原型」的建構程序可分爲四個步驟：第一，未涉及「發展」觀念，從哲學定義與功能來指出「心性論」與「引導型」構成儒學的兩大特色；第二，未涉及「發展」觀念，說明儒學的「宇宙論」、「形上學」、「心性論」三者共有的「引導型」哲學的特殊內容爲何；第三，涉及「發展」觀念，以階段性來說明勞思光所建構的儒學史觀；第四，涉及「發展」觀念，判定儒學的「宇宙論」、「形上學」、「心性論」何者配以「引導型」爲理論效力最高者，最高者即爲本論文探究「儒家思想之原型」的真正指涉。

學立場下儒學的真正特性）。至於如何探究此內容？則須轉入第二點。

就第二點來說，筆者已在前章提出「理論設準研究法」來探究此內容。這裡再從「思路」與「材料」來看，則「理論設準」是「思路」，「心性論」與「引導型」則是「材料」，[註3] 因前者乃衍伸自「勞思光的主體性觀念」，故其所能處理的「材料」，應只能與「勞思光的主體性觀念」有關，即哲學定義之「心性論」與哲學功能之「引導型」。

然而，從哲學定義來看，對「原型」意義的討論，將不只從「心性論」哲學來解釋儒學，還涉及從「宇宙論」與「形上學」來解釋儒學的進路。進而言之，這是採取「研究哲學家途徑」時必定遇到的侷限，即可能面臨「一成不變的思路難以處理擴充的材料」的問題。退一步講，假設本論文的理論範圍僅止於儒家「心性論」與「引導型」哲學的特殊內容，則不必涉及上述難題，但如第一點所述，我們必須將理論範圍擴充至勞思光《中國哲學史》中所建構的儒學史觀，故以「勞思光主體性觀念」所衍伸的「理論設準」來處理該問題仍是不足的。

有鑑於此，對「儒家思想之原型」的討論，在「思路」方面，必須隨著「材料」的擴充而使自身擴充。就「心性論」來說，當我們把它與「引導型」並列探究「儒學原旨」（不涉及「發展」觀念的「儒家思想原型」）問題時，只具「材料」的意涵，但若把它與「宇宙論」、「形上學」兩者並列探究「儒學史演變階段的觀點」與「儒學理論效力高低的判定」（涉及「發展」觀念的廣、狹義之「儒家思想原型」）兩個問題，則具「思路」的意涵。要言之，即在「勞思光的主體性觀念」或「心性論」的基礎，另加上「勞思光的客體性觀念」──「宇宙論」和「形上學」──作為詮釋儒學的進路，此主客兩者，可合為其在《中國哲學史》中建構「儒學史觀」所使用的思路，但這只能說「擴充的思路」，不能說「新的思路」，因其內部仍須以「勞思光的主體性觀念」為核心，該觀念所衍伸的「理論設準」，則以「價值根源問題的設準」為

[註3] 例如勞思光以「化成世界」與「捨離世界」作為「儒佛之辨」的觀點，此材料非由對文獻的「解析」工作而得，而是「解析」文獻之後進一步提出的「主觀意見」，是由對文獻的「綜合」工作而得。有關「解析」與「綜合」的不同，參閱勞思光著，《新編中國哲學史》（一），頁 10 至 14，共三卷四冊，臺北市：三民書局股份有限公司，2008 年 10 月重印 3 版 5 刷。須注意者，「主觀意見」即勞思光撰寫《中國哲學史》所謂「全面判斷的統一性」。明確地講，他使用的「綜合」工作皆以其文化哲學立場為根據，該理論可還原成諸多不同的「設準」或「思路」，本論文第三章已詳加論述。

主，這仍包含在「擴充思路」內部，由此探究上述兩個問題仍具效力。

　　回至區分廣、狹義「儒家思想原型」的標準，設定該標準的問題是：在「心性論」與「引導型」作爲詮釋儒學的進路外，有無涉及「發展」觀念的以「宇宙論」、「形上學」作爲詮釋儒學之進路？若無，則爲「儒家思想之原型」（不涉及儒學史階段的建構與儒學理論效力的判定）；若有，則爲「廣義的儒家思想原型」（涉及儒學史階段的建構），而其內容可包括勞思光的文化哲學立場，故再以儒家引導型哲學的特殊內容爲主軸，檢驗「心性論」、「宇宙論」、「形上學」的詮釋進路何者理論效力最高，判定最高者，則與「引導型」合爲「狹義儒家思想原型」（涉及儒學理論效力的判定）。

　　總之，儒家心性論哲學的特殊內容，須經由儒學內部範圍，從「宇宙論、形上學、心性論三者並列的思路」出發，配以儒家引導型哲學的「特殊」內容爲判定標準，分別探究廣、狹義的「儒家思想之原型」所得者，〔註4〕故在理論程序上，儒家引導型哲學的討論必須先於儒家心性論哲學的討論；至於其引導型哲學的特殊內容，則須經由儒學外部範圍，以「引導型哲學的普遍內容」爲主軸，探究「儒釋道三家精神特性的比較問題」所得者爲準。

第一節　引導型哲學的普遍內容

　　這裡的「普遍」是與「特殊」相對的語詞。也就是說，在探究儒家引導型哲學的「特殊」內容之前，必須先釐清引導型哲學的「普遍」內容究何所指。〔註5〕確立此內容後，使得我們對勞思光在其《中國哲學史》中所建構的「儒釋道三教精神特性的比較」觀點有一後設的解析方法來作進一步的說明。嚴格地講，將引導型哲學的「普遍」內容分別代入儒家、道家、釋家時，即可轉換成「某一家引導型哲學的『特殊』內容」。故在比較程序上，必須先理解何謂引導型哲學的「普遍」內容。須強調者，勞思光是在「中西哲學如何溝通」問題的反省下，以「哲學功能」的角度切入，提出「認知型」與「引

〔註4〕　儒家「引導型」哲學的特殊內容，就「儒學內部」理論效力高低判定的討論範圍而言，不存在思路的擴充問題，而可作爲判別「宇宙論」、「形上學」、「心性論」三種詮釋儒學進路何者效力最高之標準，此將留待第五章析論之。

〔註5〕　此語詞的用法，主要是從「理論範圍」的思考而來。明確地講，引導型哲學的「普遍」內容是與認知型哲學比較所得出者；至於引導型哲學的「特殊」內容必須在其「普遍」內容得出後才能作進一步使用，本章主要使用於「儒釋道三家精神特性的比較」問題，藉此得出儒家引導型哲學的特殊內容。

導型」兩者，故要理解後者的「普遍」內容或「功能」所在，則不得不涉及其與「認知型」的比較，該比較仍須以勞思光文化哲學的研究成果爲主。

一、認知型哲學與引導型哲學

　　勞思光認爲「哲學」與「文化」不可分，也就是某一民族的「哲學理論」，皆是其「文化精神」的產物，故中國重德文化精神所產生的「哲學理論」，即以「儒學」爲代表。就「文化精神問題的設準」而言，首須肯定「主體性本身」，但此非純形式的肯定而必有一定內容，以勞思光文化哲學立場來看，即主體自覺「向上」的純粹意願或「文化之大本」，當其以經驗世界爲「場域」運行時，將形成各個不同的「對主體性的描述內容」或「文化個體性」，其中可分成「重智、重信、重德」三大文化精神。但過去的歷史階段中不曾出現「重信哲學」，故本節討論範圍集中在比較「德智」兩大哲學體系下所對應的「引導型」與「認知型」的功能，藉此彰顯引導型哲學的「普遍」內容究竟是什麼。

　　至此，我們須回至勞思光一生致力的基源問題：「如何建立世界文化體系？」以其文化哲學用語來講，則西方重智與東方重德文化精神的比較與溝通，是不可忽略的問題。他如何處理該問題？筆者以其完成《中國哲學史》（一九八一年）爲分期原則，扣緊第二章言及「《中國哲學史》乃勞思光文化哲學立場的作品」，與其建構文化哲學理論的研究方法之分期，即由「黑格爾模型」至「文化雙重結構觀」兩種理論模型的演變，〔註6〕兩相對照下，發現「文化雙重結構觀」是該著作完成後，其學思發展的主要脈絡。明確地講，就勞思光「文化哲學」研究的成果而言，即上述兩種理論模型的演變；就其「中國哲學」研究的成果而言，即「心性論」哲學內涵的演變，〔註71〕此爲「引導

〔註6〕　參閱本論文第二章，〈勞思光的主體性觀念之釐清〉，頁28，註15，筆者對勞思光「如何建立世界文化體系」的基源問題下使用「黑格爾模型」與「文化雙重結構觀」兩者要旨的説明。

〔註71〕　筆者認爲勞思光的「引導型」哲學是從其「心性論」哲學內部所抽取出來者，這是將其「中國哲學」研究成果的分期與「文化哲學」研究成果的分期兩相對照後所得出之結論。關鍵是必須扣緊價值哲學體系的兩大基本問題，即「根源」與「完成」。要言之，勞思光前期使用「心性論」哲學處理價值「根源」與「完成」問題，對其形成的觀點，則作爲其《中國哲學史》裡「全面判斷的統一性」之根據。直至該著作完成後，「中國哲學」研究即步入後期（對應「文化哲學」研究則爲中期），此時所謂「心性論」哲學內涵的演變，即價值「完成」問題由「工夫理論」來處理（引導型哲學中的「轉化自我」理論）。

型」哲學出現之背景。

　　勞思光提出「認知型」與「引導型」哲學作爲比較中西哲學不同功能的思路，目的是要克服不同哲學傳統間的溝通問題。〔註8〕嚴格地講，既然「哲學」與「文化」不可分，則欲解決異質文化間如何溝通的問題，必須先解決不同「文化精神」所產生不同「哲學理論」間如何溝通的問題，故「重智文化精神產生重智哲學」與「重德文化精神產生重德哲學」兩者間的溝通，是「如何建立世界文化體系」的基源問題所衍伸出來的。

　　中西哲學理論的溝通如何可能？勞思光於晚期撰寫〈對於如何理解中國哲學之探討及建議〉的論文裡，認爲此非「哲學定義」問題所能解決，而嘗試從「哲學功能」問題切入探討，〔註9〕他說：

　　　　進而言之，即由「哲學定義」（中西哲學特性有何不同）至「哲學功能」（中西哲學如何溝通）問題的演變。筆者認爲此區分雖爲勞思光「中國哲學」研究成果的後期階段，但我們可以由此回過頭來，用後設的解析方法，來理解其在前期階段的《中國哲學史》中建構「一系說」理論的根據所在。

〔註8〕　參閱劉國英、張燦輝合編，《無涯理境——勞思光先生的學問與思想》，頁277，香港：中文大學出版社，2003年。

〔註9〕　參閱勞思光著，《思辯錄——思光近作集》，頁5，註4，臺北市：東大圖書股份有限公司，2003年1月初版2刷。可見，從「哲學定義」問題下手，至多只能解決「中國哲學是否爲哲學」的問題，並不能解決「中西哲學如何溝通」的問題。換言之，前者只能說明中西文化所觸及的哲學部門不同。例如我們可以說「心性論」部門不曾於西方哲學史中出現，但不能依此而說「心性論」非「哲學」，然而對於不曾深入了解此部門的當今西方學人而言，仍可持反對態度，其反對理據爲：「哲學就是思辯」。參閱勞思光著，《虛境與希望——論當代哲學與文化》，頁164，《思光學術新著之二》，香港：中文大學出版社，2003年。此可分兩點討論，第一：語言的傳達問題；第二：材料的特性問題。就第一點而言，若哲學就是思辯，則中國傳統許多「哲學文獻」缺乏思辯性，故不能算是「哲學」。然而中國哲學的特性爲何是一回事，如何表述中國哲學的特性又是另一回事，傳統多數中國哲學文獻的語言確實缺乏思辯性，但這既不能作爲「中國沒有哲學」的理據，更不能視之爲「中國哲學的特性」，畢竟過去的中國哲人缺乏思辯力，他們使用的語言無法兼顧傳達問題，造成西方學人無法明確理解中國哲學，但這不代表現今的中國哲人不能以思辯活動來重新解釋中國哲學，此即所謂「邏輯解析、語言分析」或「思想上的顯微鏡」，參閱勞思光著，《新編中國哲學史》（一），頁17至19；就第二點而言，哲學就是思辯，其主要任務只是對知識方面的「認知」問題之探討，所謂價值方面的「意志」問題似乎只能歸於宗教而非哲學，故勞思光認爲只從「哲學定義」設法找出「中國哲學的特性」（心性論），根本無法解決「中西哲學如何溝通」的問題。直至《中國哲學史》完成後，他轉入「哲學功能」問題的研討，從開放性的哲

　　哲學思考是對於（a, b, c⋯⋯）的反省思考。這裡（a, b, c⋯⋯）代
表哲學的功能。由於哲學在不同的歷史階段中具有不同的功能（即
是要做不同的事），這裡的"a, b, c⋯⋯"便具有一種變值項的性
格。不過，在一個特定的歷史階段，變值項可被賦與一些特殊的值，
由之而使哲學概念亦成為特殊的。值得注意的是，這些特殊的哲學
絕不等同於共同意義的哲學或哲學自身；它們不過是哲學思考在某
些特定範圍中運行的成果。在每一個歷史階段中，人們（就或大或
小的地區說）常面對一種特定的哲學研究範圍，因而得到一個特殊
的哲學概念，具有一定內容。他們很容易會認為這個哲學概念是唯
一可以接受的，而忘記有共同意義的哲學。一個特殊的哲學可以有
一個足以提供知識的定義，但那樣一個定義常涵有一個封閉性的哲
學概念；它會引生出現代與古典哲學間，尤其一哲學傳統與另一哲
學傳統間之誤解與衝突。就每一個別階段說，一個有確定內容而具
封閉性的哲學概念很自然地會出現。我們無法避免這種情況。但我
們若是了解封閉概念的特殊性，而同時對共同的開放性哲學概念達
成一種察識，則這種特殊哲學概念也並無大害。開放性哲學概念則
不僅可擴大我們的哲學視景，而且有助於哲學之溝通。〔註10〕

他旨在說明「封閉的特殊哲學概念」與「共同的開放哲學概念」的不同，後
者乃使「哲學功能」成為可能的觀念基礎。勞思光早期以「實指定義法」嘗
試解決「哲學定義」問題，即先預認「哲學」為「探求最後真相」的學科，
接著找出具此特性的部門有哪些，最後將「哲學」作為這些部門的「總名」，
〔註11〕然此法不能進一步運用於「哲學功能」。以「心性論」為例，它代表在
某一歷史階段中出現於東方世界的特殊哲學部門，並不曾出現於西方世界的
歷史階段裡，換言之，勞思光的「實指定義法」充其量只能涉及東西方哲學
理論特性的比較問題，不能涉及溝通問題。

　　或許有人會以東西方歷史階段中皆曾出現的「宇宙論」、「形上學」部門
作為雙方互相溝通的平臺，就「材料」而言，表面上似乎是可行的方法，然

　　學概念出發，找出「反省思考」乃哲學思維的主要特性，以此作為在世界
　　哲學配景下各個不同哲學傳統間互相溝通的平臺。就大方向來說，得出「認
　　知型」與「引導型」兩種不同的哲學功能。
〔註10〕 勞思光著，《思辯錄——思光近作集》，頁9至10。
〔註11〕 參閱本論文第一章，〈導論〉，頁2至3，註4。

而東西方有否探究宇宙論、形上學問題是一回事，東西方探究宇宙論、形上學問題背後所依的精神方向為何又是另一回事。以同為重德文化精神的儒、佛哲學為例，兩者皆探究「心性論」問題是一事，但兩者探究「心性論」背後所依的精神方向為何又是另一事，此即「人文化成」與「捨離解脫」的不同，〔註12〕故我們對勞思光所謂「特殊的封閉哲學概念」的理解，不應侷限在哲學部門本身，而應明白歷史階段的哲人探究某一哲學部門時背後所依的「精神方向」為何。

必須注意者，「精神方向」的不同是無法通過理論建構解消的，〔註13〕「儒佛之辨」即為顯明的例子，〔註14〕即便東西方哲學於歷史階段中確有共同的哲學部門，也不能由此導出「兩者可互相溝通」的結論。以「文化精神問題的設準」為例，所列舉四個不同的文化個體性，其背後的「精神方向」只能比較彼此的不同，而不能找出彼此互相溝通的基礎。依此，既然在各個不同「特殊的封閉哲學概念」層面裡只能作比較，故欲使彼此有互相溝通的可能，則須轉入「共同的開放哲學概念」層面裡，以下分兩點析論之：

第一：所謂「共同」不是指「哲學部門」，而是指哲學思維的特性乃「反省思考」，若將「共同」誤解為「哲學部門」，則似乎只有宇宙論、形上學部門可作為中西哲學彼此溝通的基礎，這將導致對「東西哲學特性有何不同」問題的忽視，此應非勞思光的本意。嚴格言之，「反省思考」可作為「哲學部

〔註12〕參閱勞思光著，《新編中國哲學史》（三下），頁 476，共三卷四冊，臺北市：三民書局股份有限公司，2006 年 5 月重印 2 版 3 刷。

〔註13〕勞思光著，《新編中國哲學史》（三下），頁 830 云：「在哲學標準下，講『三教合一』或『儒佛合一』等等說法，就不能看作『哲學思想』。」有關「無法解消」，馮耀明著，《中國哲學的方法論問題》，頁 291 云：「理論並非客觀外界的事物或產物，而是主觀心靈的構造。……各種概念架構或理論系統作為對外在世界之理性的重建之設計，儘管或多或少在不同程度上都對客觀實在有描述及解說的功能，但彼此卻由於在不同的理論前設及可能相異的合理標準之下顯示迴異的理論性格，亦即顯示不同的心靈取向。在迴異的理論性格和不同的心靈取向底下，各種概念架構或理論系統便賦予其各別所屬的概念以不同的限制、牽連，因而使不同母體下的概念在轉譯及移植上發生困難。」臺北市：允晨文化實業股份有限公司，中華民國 78 年 9 月初版。須注意者，此「無法解消」蘊涵勞思光宋明儒學的分系原則，此將留待第五章析論之。

〔註14〕儒學雖為中國重德哲學的主流代表，但佛學並非印度重德哲學的主流代表，也許有人會因此質疑：以「儒佛之辨」作為比較中印文化精神的不同是否恰當？其實，佛學與印度正統哲學的的不同是對「如何離苦解脫」問題的觀點之不同，但兩者的「精神方向」是一致的，即皆以「捨離解脫」為主要目的。

門之所以為哲學部門」的條件，該思考乃「對我們自身活動的思考」，〔註15〕該活動可涉及不同面向，而以不同的「哲學部門」來處理。若從「哲學功能」問題來看，哲人經由反省思考建立某一哲學理論的旨趣是什麼？此涉及「精神方向」問題。

　　第二：所謂「開放」非指「建構開放的哲學理論」，而是指「對哲學的態度應是開放的」，即不應把某一「特殊的封閉哲學概念」視為普遍且絕對的，否則即陷入封閉態度，〔註16〕導致「中西哲學如何溝通」的問題無法解決，因其只能涉及部份的哲學題材。此種開放態度，即應承認無論何種哲學題材皆有特殊功能，只要不將之視為絕對的即可，勞思光說：

> 哲學的開放概念……使我們了解一個重要事實，即一種特殊哲學只能顯示一種實有的面相，所提供的只是一個封閉的哲學概念。這樣一個概念不能成為其他哲學的判準。於是，這即可除去我們了解其他傳統的哲學的障礙。……我們可以超越特殊哲學返歸反省思考本身而轉入其他特殊哲學之理解。……每一個特殊哲學之所以成為如此的哲學，只因為它有某一種功能（就所涉的題材即問題而言），理解它的關鍵永遠是它的功能。……哲學思考，作為反省思考看，在文化的活動的世界中，可有認知功能或引導功能。這一功能的區分即使哲學分為兩大類。一個哲學傳統常常只是偏於一面的。換句話講，某一傳統中的特殊哲學，雖在另一意義層面上儘可互異，常在原則上同屬認知的或引導的哲學。〔註17〕

〔註15〕參閱勞思光著，《思辯錄——思光近作集》，頁11。所謂「自身活動」涉及「應做什麼」之「精神方向」問題。

〔註16〕理論本身具「特殊且封閉」的特性，因任何理論建構工作必然涉及「主觀」或「人自身的觀點」，故所謂「開放的哲學理論」本身是一不可解的觀念，若以此觀念來理解「共同的開放哲學概念」，將會造成困難。故應從「對哲學的態度」問題來理解，即先承認在整個歷史情境中，任何哲學部門皆是為了解決某一特殊問題而出現，此哲學部門因只能處理該特殊問題而導致其為「特殊的封閉哲學概念」，這是不可避免的事實。但真正要避免的是不應將此概念視之為哲學的唯一任務，否則將導致無法理解甚至誤解其它哲學部門的不良後果，此乃「共同的開放哲學概念」的意涵。

〔註17〕勞思光著，《思辯錄——思光近作集》，頁17。有人對勞思光將「引導型」哲學劃分出來的作法產生質疑。主要有兩點，第一：「反省思考」本身必須涉及認知活動，因凡任何理論建構必須涉及認知性這一面，而儒學內部的「工夫理論」，是在反省「工夫實踐」下所產生的一套理論知識，故儒學在「哲學領域」

就「文化精神問題的設準」而言，西方重智文化精神所產生的重智哲學，其反省思考的運行範圍，以「是什麼」爲基本問題意識，目的是要經由認知意識來制定關係境域，主張「提供一種知識」，此爲「了解世界」的活動，功能爲「認知型」哲學；至於東方文化精神所產生的重德哲學，其反省思考的運行範圍，以「如何」爲基本問題意識，目的是要經由轉化意識達成自我超昇或建立正當秩序，主張「提供一種人生態度」，此爲「改變世界」的活動，功能爲「引導型」哲學。簡言之，東西方文化精神所產生的德智哲學體系，兩者之異是其功能分別爲「引導型」與「認知型」哲學；兩者之同則是其功能背後皆具哲學思維的特性，即「反省思考」。從「引導型」哲學來看，「自我超昇」與「建立正當秩序」爲其主要功能，故這裡可用「轉化自我」與「轉化世界」，作爲其「普遍」內容所在。

二、轉化自我與轉化世界

引導型哲學爲勞思光早期文化哲學中「重德精神」的衍伸，但這又可分成中國與印度兩型，要言之，即「價值完成正當秩序」與「價值完成自我超昇」兩大精神方向。如前所述，「精神方向」的不同無法經由理論建構解消，更不能

下還是一種認知型哲學，而不須再劃分出引導型哲學這一支；第二：欲建立引導型哲學，必須以認知型哲學的知識爲基礎，前者必不能離開後者，畢竟哲學本身是思辯性的學問，哲學理論是用思辯的方法所建立起來的理論，而儒學內部的「工夫理論」，充其量只涉及技術性的「如何達成目的」之問題，並未涉及終極目標的設定，故該理論不是哲學。參閱吳有能著，《百家出入心無礙——勞思光教授》，頁122，臺北市：文史哲出版社，中華民國84年4月初版；以及石元康撰，〈引導性哲學與認知性哲學〉，收錄於劉國英、張燦輝合編，《無涯理境——勞思光先生的學問與思想》，頁171至173。所謂「工夫理論」即引導型哲學中對「轉化自我」問題所建立的理論，該理論既然涉及「哲學」，則思辯的認知活動乃不可或缺者，從表面看來，我們似乎不必將引導型哲學劃分出來，但是否凡通過思辯的認知活動所建立的理論知識，必屬於「強迫性的知識」？我們必須明白，勞思光眼中的「認知型」哲學的基本特性是「強迫性的知識」，但「引導型」哲學無「強迫性」可言，也就是說，「工夫理論」並沒有「強迫」我們接受其爲「眞」或「僞」，因它根本不涉及知識方面的「眞僞」問題，另就算其既爲「理論」，須具備思辯性的「邏輯解析、語言分析」成份，但我們不能以此視引導型哲學屬於認知型哲學，建立的某一哲學理論有無「強迫性」，這才是兩者的分判標準，絕非僅止於有無「思辯性的認知活動」。再者，勞思光使用「工夫理論」時，必涉及「境界」這個詞語，且無論儒釋道三家都有各自設定的「境界」內容，此「境界」是屬於「工夫實踐的終極目標」，故將「工夫理論」劃入「哲學部門」，筆者認爲是可行的。

以「同為心性論或引導型哲學」為理由解消。故進一步的問題是：如何論證中印文化精神方向的不同？這必須扣緊第二章提及勞思光文化哲學的理論基礎：「人是『主宰性』與『限制性』的雙重性存在」，故「引導型」哲學中所謂「轉化意識」，指提供一種主張或人生態度「改變」自我與世界。〔註18〕前者為「透顯主體性」的活動，後者則為「主體創造文化世界」的活動，勞思光說：

> 作為一個主張的哲學，而不是純粹強迫性知識的這樣一種哲學，它強調的是改變。通常儒家所謂「教化」，就是「轉化」、改變的意思。內在的講，是我們自己的自我境界的轉化，具體一點說是「意志狀態」的轉化。既然通常我們都有自然的生活，自然的生活中我們的意志狀態是跟其它動物生物有好多相同的地方，但是也有不同的地方，有那個透露「自由」、「主宰」等等意義的地方。若把那不同的地方顯露出來，對於自然生命來講，便是一種轉化。這可以說為：心靈的轉化、自我的轉化、意志的轉化等。轉化若向外展開則就是對於世界的轉化，即所謂「人文化成」、建立文化秩序等等了。〔註19〕

就「精神方向」而言，中國重德精神主要是「轉化世界」，印度則是「轉化自我」。但這不是說「價值完成正當秩序」忽視「轉化自我」問題，反倒是「價值完成自我超昇」忽視「轉化世界」問題。理據何在？從勞思光早期文化哲學理論來看，他以「主體性」觀念出發，從文化活動「全程」與「半程」的不同，探究同為重德文化精神的中國「道德心」與印度「宗教心」之不同：

〔註18〕以現代日常語言為例，勞思光著，《思光時論集》，頁56至57云：「所謂『人權』，原是由『自然權利』或『不可剝奪的權利』等觀念引出。嚴格地說，『自然權利』或『人權』這種詞語，不屬於『描述性的語言』，也不屬於『解釋性的語言』，而屬於『規範性的語言』。『自然權利』並不是一個事實，也不是一種規律，而只表示一種主張，一種理想。為了表述這種語言功能的特性，我近年喜歡用『引導型』或『引導功能』這類詞語。解釋所謂『規範』，似乎這樣說最為明確。……所謂『引導功能』，是使人類使用某些語言或概念，來推動某種情境的實現來講。譬如，我們說『大公無私』，意思並非敘述實際上某人的事實情況，也不是想說在某種條件下，人必然會『大公無私』，只是用這個詞表示我們希望人能減除私念而已。但這種語言本身有引導人們趨向某種人生態度的功能。因此，每一種引導性的語言，必以我們所希望有的東西相關。」臺北市：允晨文化實業股份有限公司，中華民國78年12月初版。與前註參看，可見引導性語言並無知識上的「強迫性」成份。

〔註19〕勞思光著，《思光人物論集》，頁84至85，《思光學術論著新編》（十二），共13卷，香港：中文大學出版社，2001年。

在究竟義上，凡有神之宗教，皆爲文化活動之半段。……文化活動
爲實現價值之活動；就價值之實現言，必有二成子可說，其一爲實
現價值之主體，其二爲此主體活動之所依。就主體之建立說，則爲
一超昇過程。即心靈由欲望思感中上升而透顯最高自由；但如祇有
此上昇過程，則價值之源雖明暢，而並無「實現」可立；欲成實現
價值之過程，而成就人文，則此主體必重鑄關係界。此爲重鑄過程，
有超昇而無重鑄，則便是棄絕精神，捨離精神，此爲宗教之本性所
在，……道德精神與宗教精神之差異，即爲一全程與半程的差異。

〔註20〕

所謂「超昇」即「轉化自我」，「重鑄」即「轉化世界」。就文化活動而言，在
「宗教心」運行下，「自我超昇」之後就不必「重鑄世界」，故爲「半程」文
化；但在「道德心」運行下，「重鑄世界」之前必定先要「自我超昇」，故爲
「全程」文化。

　　所謂「價值之源」就是「價值根源」，勞思光將其限於「如何透顯最高自
由或主體性」，即「自我超昇」一面；所謂「實現」即「價值完成」，勞思光
將其限於「如何成就人文或重鑄關係界」，即「重鑄世界」一面，此劃分可通
至其文化哲學立場。須注意者，該劃分與本論文「文化精神問題的設準」只
就「實現」或「價值完成」來講「重鑄世界」與「自我超昇」的用法不同，
故對應中印文化精神下的基源問題，則爲「如何建立正當秩序」與「如何達
成自我解脫」，並未涉及「價值根源」，若要涉及，須以勞思光提及的東方中
印文化共有之哲學部門──「心性論」──來回應，此通至「價值根源問題
的設準」，其與儒家心性論哲學的特殊內容的關係，留待第五章討論。

　　嚴格地講，印度重德精神下的文化活動，將價值的「根源」與「完成」

〔註20〕勞思光著，《儒學精神與世界文化路向》，頁220至222，《思光少作集》（一），
共七卷，臺北市：時報文化出版企業有限公司，中華民國75年10月31日初
版。勞思光著，《文化問題論集新編》，頁54亦云：「此二種重德精神仍有一
極大的差異：此即主體作創造性價值活動時，其活動界域不同。泛談價值之
完成，則包括主體自身之昇進過程，即由實然的我昇至超越的我的過程，及
此昇進後證入最高自由之主體重鑄實然的過程，即作創造性的實現價值的過
程。但此二過程雖可同居於價值完成一整全活動之下，卻並非有必然之不可
分性。印度文化精神便恰是只有二過程之一者。」另可參閱勞思光著，《哲學
問題源流論》，頁31，註25，《思光學術論著新編》（十），共13卷，香港：
中文大學出版社，2001年。

皆扣緊在「自我超昇」或「轉化自我」問題，此即「捨離精神」的要旨；而中國重德精神下的文化活動，則將價值的「根源」扣緊在「自我超昇」或「轉化自我」一面，至於價值的「完成」，則扣緊在「重鑄世界」或「轉化世界」一面，此即「化成精神」的要旨。這是探究勞思光對「儒釋道三家精神特性的比較」觀點前，首須掌握的關鍵。以下分別以「轉化自我」與「轉化世界」問題來比較儒釋道三家，藉此彰顯儒家引導型哲學的「特殊」內容。

第二節　儒家引導型哲學中的轉化自我

就「自我境界問題的設準」而言，其與「文化精神問題的設準」之相同處，即首須肯定「主體性本身」，且非純形式的肯定，其必有一定內容，然則所謂「一定內容」為何？就是同時肯定主體有跳脫條件系列的「向上之主宰性」與化入條件系列的「向下之限制性」兩種可能，此即「自我本身」，故與「文化之大本」只肯定主體自覺「向上」之意願不同。換言之，兩者雖皆肯定「主體性本身」，但內容已有程度上的差異，其分判原則在於自我有否「向下」的可能？就勞思光文化哲學立場來說，文化活動本身決沒有此可能，否則將步入「反文化」或「文化之逆流」的困境，[註21]故必須預認「文化之大本」；至於「自我本身」有「向上」與「向下」兩種可能，對一心或「升」或「降」，主體或「跳脫」或「化入」條件系列的兩面肯定是必要的。以「引導型」哲學來說，則涉及「轉化自我」問題。退一步講，若不肯定主體有「向下」的可能，何須討論對「自我」的「轉化」？另外，「自我本身」必以「形軀」為其運行的「場域」，而形成各個不同的「對主體性的描述內容」或「自我境界」，分成「德性我、情意我、認知我、形軀我」四種。

就「轉化自我」而言，轉化前的「自我」具「向上」與「向下」兩種可能，轉化後的「自我」則是淘洗掉「向下」的限制性之「自我」，成為透顯主體自覺「向上」的主宰性之「自我」，故本節範圍集中在討論勞思光對「儒釋道三家精神特性比較」的觀點，以「轉化自我」為核心，探究三家轉化後的「自我」之特性為何。

就「自我境界問題的設準」而言，本節只從「德性我」與「情意我」兩種自我境界來討論「儒釋道三家精神特性比較」問題，「認知我」則不能涉及。

[註21] 參閱本論文第三章，〈勞思光的主體性觀念所衍伸之理論設準〉，頁41，註7。

〔註22〕「主體性」觀念，即「最高自由」或「純粹意願」，由此討論儒釋道三家精神特性或「最高自由」的內涵有何不同，勞思光說：

> 「肯定主體性」……不可作爲混同各家之論據。……專就「主體性」觀念言之，儒學之「主體性」，以健動爲本，其基本方向乃在現象界中開展主體自由，故直接落在「化成」意義之德性生活或文化秩序上；道家之「主體性」，以逍遙爲本，其基本方向只是「觀賞」萬象而自保其主體自由，故只能落在一情趣境界上及遊戲意義之思辯上；佛教之「主體性」，則以靜斂爲本，其基本方向是捨離解脫，故其教義落在建立無量法門，隨機施設，以「撤消」萬有上。……其所肯定在「彼岸」不在「此岸」。此即見其「主體性」亦與儒學所肯定者，根本不同。另一面，佛道雖皆言主體自由，佛教……無不以「撤消」此「幻妄」之現象界爲主，與道家只能自保逍遙，「觀賞」而不能「撤消」萬象者，又有根本不同。由此，學者斷不可據一點之同，而遂誤以爲儒佛同歸，或佛道不異。〔註23〕

他旨在說明儒釋道三家是否肯定主體自由是一事，三家主體自由有何不同又是另一回事。當我們說三家「殊途同歸」，應只能以三者皆「肯定主體性」這點來立論，然則同歸問題與殊途問題是兩回事，二者是平行並列而非上下層級關係，不可混爲一談。以「主體性本身」與「對主體性的描述內容」的不同來理解，即三家皆肯定「自我本身」，只是「自我境界」不同。

儒佛之異主要是「健動」的主體自由與「靜斂」的主體自由之不同，或內聖外王之「化成」與涅槃解脫的「捨離」之不同，或道德心駐於「此岸」與宗教心駐於「彼岸」之不同。但進一步問題是：儒佛之所以不同的根源何

〔註22〕勞思光著，《新編中國哲學史》（二），頁 156 云：「『德性我』所關涉者爲道德及宗教，『認知我』所關涉者爲知識及制度；『情意我』則只關涉藝術及情趣。此三者領域分明，並無互相迷亂之苦。倘吾人自『主體活動』或『能力』一面著眼，則此三種態度之分別更易說明。『自由意志』乃論『心性』時所據之能力；『理解』、『知覺』以及解析思考，乃論『物性』時所據之能力（經驗科學之觀點即屬此類）；而『情意之感受』及『觀賞』則爲論『才性』時所據之能力。由此，吾人亦可說，論『人』之『性』時，基本上可有『心性』、『物性』、『才性』三義，分別對應於德性我、認知我及情意我。但在中國，『認知我』或『認知心』之獨立發展，向不顯著，故中國學人論『性』時，大體只在『心性』與『才性』間徘徊爭執，罕見取『物性』意義而論『人』之『性』者。」共三卷四冊，臺北市：三民書局股份有限公司，2007 年 1 月重印 3 版 4 刷。

〔註23〕同上，頁299。

在？此非「自我境界問題的設準」所能處理，因其只能說明「自我本身」以「形軀」為場域運行時所涉及的不同內容，無法說明該內容的理據為何。且若再將範圍擴大至道家精神，我們更將發現此理論設準的侷限性。首先，道家的主體自由是「健動」或「靜斂」？勞思光解老子「無為」觀念時，說明其為「近乎靜斂與捨離」的主體自由；〔註 24〕解莊子「逍遙」觀念時，則說明其為「欣趣玩賞」的態度，〔註 25〕由此轉出「觀賞」態度。依此，道家為「觀照」的主體自由。但所謂「觀賞」究竟是「道德心」或「宗教心」？如第三章所言，筆者以「鑑賞心」描述此態度，作為藝術活動的根源，〔註 26〕以與道德、宗教活動互別。

至此，總結儒釋道三家對「轉化自我」問題的觀點如下：

儒家——道德心——健動的主體自由——駐於此岸。

佛家——宗教心——靜斂的主體自由——駐於彼岸。

道家——鑑賞心——觀照的主體自由——駐於……？

可見此已非「自我境界問題的設準」所能處理，要言之，若不嚴格析論儒釋道三家主體自由駐於何處的問題，則我們無法理解何以勞思光認為道家是「否定文化論」者，無法與儒學同時代表中國重德精神的「價值完成正當秩序」之精神方向。

〔註 24〕參閱勞思光著，《新編中國哲學史》（一），頁 232 至 233。

〔註 25〕同上，頁 267 至 268 云：「莊子之自我……只是順物自然，觀賞自得。此所以為『情意我』之自由境界，而非『德性我』所顯現之主體自由。倘吾人以『主體自由之完成』一概念界定嚴格意義之『德』，則儒學之化成，佛教之捨離皆為肯定『德性我』之精神。而莊子……其主體之主宰性，只顯於一種欣趣玩賞上，此與不息之化成，靜斂之捨離皆不同類。」然則我們可以追問：道家也談「轉化自我」或「主體自由之完成」的問題，何以不是「德性我」而是「情意我」？此須統觀勞思光整部《中國哲學史》，可發現他從未以「心性論」解釋道家思想，而只針對對儒佛兩家思想，進一步說，所謂嚴格意義的「主體自由之完成」須配合嚴格意義的「主體自由之根源」，此「根源」必須以「心性論」哲學為中心。換言之，道家並未涉及「心性」問題，只涉及「才性」問題，故無所謂「心性論」，則以「主體之心性論」為中心來談時，是心性層面的「德性我之完成」問題，即儒佛兩家所涉及者，分別為「健動」與「靜斂」的主體自由；至於以「客體之宇宙論和形上學」為中心來談時，則是才性層面的「情意我之完成」問題，即道家所涉及者，此為「觀照」的主體自由。

〔註 26〕參閱勞思光著，《中國文化要義新編》，頁 238、頁 241 至 244。或參閱勞思光著，《存在主義哲學新編》，頁 148，《思光學術論著新編》（二），共 13 卷，香港：中文大學出版社，2001 年修訂版。

第三節　儒家引導型哲學中的轉化世界

　　若將「世界觀問題的設準」與「自我境界問題的設準」合而言之，則涉及「引導型」哲學的兩面，即「轉化自我」與「轉化世界」問題，前者已於上節析論之，然在析論過程中，可發現自我境界設準的侷限性，即無法處理有關某一主體自由是駐於「此岸」或「彼岸」的問題。以「儒佛之辨」爲例，二者之「自我」駐於「此岸」與「彼岸」是一事，二者之「自我」何以駐於「此岸」或「彼岸」又是另一事。若以「引導型」哲學來看，有關「轉化自我」的問題，可用來解釋前者，但無法解釋後者。至此進入「轉化世界」問題。

　　就勞思光對「引導型」哲學的特殊用法而言，須注意的是「轉化世界」的「轉化」究何所指？此只能是儒學的「化成」態度，而不能是佛家的「捨離」態度，更不能是道家的「觀賞」態度，故要以「轉化世界」探究儒釋道三家精神特性的比較，須以有否「轉化世界」爲分判原則。若有，則爲儒學精神；若無，則爲道佛精神。也就是說，儒學同時涉及「轉化自我」與「轉化世界」兩面，道佛則只涉及「轉化自我」一面。表面觀之，我們似乎無法由「轉化世界」問題來比較儒釋道三家的精神特性，然則道佛精神雖不涉及「轉化世界」，但不能依此說道佛沒有「世界觀」。嚴格地講，引導型哲學的「轉化世界」與理論設準的「世界觀」終非一事，後者涉及的範圍較廣。勞思光說：

> 世界觀可以有兩種解釋。第一，在定立目的前，可有一世界觀。第二，在目的達成後亦可有一世界觀。……必先如此如此地看世界或理解世界，方能有理由宣說……的自由。另一面，達成這種自由後，……從已開悟的心靈所見而陳示一世界圖像。〔註27〕

就「目的」而言，可分成達成前後兩種情境，對應「轉化自我」，則爲轉化前後兩種情境。也就是說，目的達成前或轉化自我前有一「世界觀」（未超昇的自我如何理解世界）；目的達成後或轉化自我後也有一「世界觀」（已超昇的自我所投射出去的世界圖像）。此兩種問題有本質的不同，以「世界觀問題的設準」來看，分別爲「自覺心對世界採取的意義爲何」與「自覺心對世界的態度爲何」的問題。然則探究此兩大問題前，首須確立「自覺心」的特性爲何，即上節「自我境界問題的設準」所言，也就是儒家之健動主體、佛家之靜斂主體、道家近乎靜斂之觀照主體。

〔註27〕勞思光著，《思辯錄——思光近作集》，頁22。

確認各家自覺心的特性後，首先是施以「轉化」之前的階段問題：「儒釋道三家自覺心如何可能？」若不預認某一「世界」，則自覺心將無從落實，這是「對世界採取的意義」問題。故「文化世界」使儒家「健動」的主體自由成爲可能；「彼岸世界」使佛家「靜斂」的主體自由成爲可能；「自然世界」則使道家「觀照」的主體自由成爲可能。

接著是施以「轉化」中的階段問題：「儒釋道三家自覺心如何運行？」若不預認某一「發展過程」，則不能解釋人如何由「限制性」升至「主宰性」，此爲「對世界所持的態度」問題，故儒家以「健動」的主體自由來「轉化自然世界，進至文化世界」；佛家以「靜斂」的主體自由來「捨離此岸（自然與文化）世界，進至彼岸世界」；道家則以「觀照」（近乎靜斂）的主體自由來「捨離文化世界，進至自然世界」。

最後是施以「轉化」之後的階段問題：「儒釋道三家自覺心所投射出去的世界圖像爲何？」此處預認觀念與「轉化」前的階段問題相同，故儒家以「人文化成」的態度來「肯定文化世界」；佛家以「捨離解脫」的態度來「肯定彼岸世界」；道家則以「欣趣玩賞」的態度來「肯定自然世界」。

上述三家的「世界圖像」皆以「肯定某一世界」爲基礎，接著就「否定某一世界」來看，儒家似未有對「自然」或「彼岸」世界的否定傾向；佛家是對包括自然與文化的「此岸世界」之否定；道家則是對「文化世界」的否定。進一步說，勞思光對「轉化世界」的使用，只限於儒學「轉化自然世界，進至文化世界」一面，而道佛皆沒有此種傾向，兩者皆是對「文化世界」的否定，故就「引導型」哲學的「普遍」內容來說，道佛只能觸及「轉化自我」一面，而不能如同儒學觸及「轉化自我」與「轉化世界」兩面。故以缺了「轉化世界」這半段來看，道佛皆可說是持「否定文化論」的立場。〔註28〕此中

〔註28〕就佛家否定文化的立場而言勞思光著，《中國文化要義新編》，頁 181 云：「從『捨離精神』的觀點看，整個經驗世界皆只是一種阻礙，一種障蔽；因此，自我的唯一要求，即是衝破這些束縛，而實現主體自由，顯然，這樣的觀點下，現實世界中沒有甚麼成就或價值可說。所以捨離精神即是否定世界的，而捨離後的主體自由，也不要求改造這個世界。佛教的教義在這一點上，也和印度其他傳統思想一樣：否定世界而並不要成就文化。」《思光學術論著新編》（一），共 13 卷，2002 年 1 版 3 刷。就道家否定文化的立場而言，勞思光著，《新編中國哲學史》（一），頁 273 云：「依道家之觀賞世界之態度言，一切成毀，皆相因相續，並無意義，亦無價值可說。文化活動亦不足貴。……一切文化成績與罪惡並頭發展；每有一新文化成績，即有一新罪惡出現，而人類欲憑文化之創

關鍵，在於「文化之所以爲文化」的問題，我們必須從勞思光文化哲學立場下的嚴格定義來理解，即「文化」主要是「重鑄關係界」的活動，可見道佛兩家對「重鑄關係界」的問題皆不重視，故皆爲「否定文化論」，意指「不將價值投射在文化世界中」。也就是說，佛家將「價值」投射在「彼岸世界」中是爲了成就「涅槃解脫」，道家將「價值」投射在「自然世界」中是爲了成就「逍遙無爲」。故兩者皆不以「價值完成正當秩序」或「轉化世界」爲精神方向，皆是以「價值完成自我超昇」或「轉化自我」爲精神方向，只是自我超昇後駐於「彼岸世界」或「自然世界」的不同。無論如何，兩者之自我皆非駐於「文化世界」，故爲「否定文化論」。〔註29〕但如前所述，我們不可將「否定文化論」與「反文化」或「文化之逆流」等同起來，因兩者涉及的理論層次大異其趣。我們必須扣緊「是否肯定價值」爲分判原則。就前者而言，凡肯定價值的哲學，其對主體跳脫條件系列的自覺「向上」活動，必持預認或期許的態度；其對主體化入條件系列的自覺「向下」活動，必持排斥態度，故該哲學的特色必欲通過一「轉化」過程，將此「向下」活動淘洗掉。故儒釋道三家皆是肯定價值之哲學體系，只不過在「價值投射何處」的分判標準下，使道佛皆成爲「否定文化論」者。〔註30〕就後者來說，情況正相反，凡

造以制止罪惡，遂成一無窮之追逐過程，而罪惡永不能被防止。」

〔註29〕從對「此岸世界」的態度來看，勞思光著，《新編中國哲學史》（三上），頁76至77云：「佛教教義……皆視『世界』爲無明所生之障累。換言之，『世界』是虛妄，是陰暗（所謂『無明』）；因此，若欲在虛妄陰暗處要求實現某種理，則本身又是一迷執。由此，佛教所講之覺悟、超昇等義，乃只就一『眞我』說，而不就一『世界』說。換言之，在佛教基本觀點下，此『世界』即是『不可成爲合理者』……老莊之學就某一層面看，似並非與佛教類似者，因老莊所言之『道』，根本上乃支配世界之原則或規律，亦未嘗以爲此『道』爲『虛妄』。但若深追其對『世界』之態度，則可知道家並非肯定『理之實現可能』者。蓋依老莊之說，此世界無往而非『道』之顯現，因此，無論此世界成爲何種情況，皆無作價値選之餘地。如此，人在此世界中亦無所謂『應作』或『値得作』之事。……老莊雖不似佛教立教者之以世界爲虛妄陰暗，卻以爲世界中並無可求實現或應求實現之『理』。……佛道立說雖自有殊異，然有基本相同處，此即：認爲在此世界中並無値得努力之事。此即與『肯定世界』之儒學態度，判然不可混同矣。」共三卷四冊，2007年1月重印3版4刷。

〔註30〕若不把「重鑄關係界」視爲唯一的文化活動，則我們可說道家有某種意義下的文化理論，此可進入勞思光晚期文化哲學理論，即其對文化活動中「解放意識」的重視，此應可對道家精神重新定位，即儒家是「建設意識」下的文化理論，道家則是「解放意識」下的文化理論。參閱勞思光著，《文化哲學講演錄》，頁196至201，《思光學術新著之一》，香港：中文大學出版社，2002年。由此後

否定價值的哲學，從一開始就根本不承認所謂「價值」，故其對主體跳脫條件系列的自覺「向上」活動必是持排斥態度，而只承認主體化入條件系列自覺「向下」活動，故是「反文化論」者。

　　論述至此，得知儒家引導型哲學的特殊內容，是經由儒學外部範圍，從「哲學功能」的「引導型」探究勞思光對「儒釋道三家精神特性的比較」觀點而得。將此內容作為儒學內部範圍的「發展」之判準，便能進一步探究儒家心性論哲學的特殊內容。

　　設觀點來看道家的「否定文化論」，則其所否定「文化」的意義，絕非儒學精神所代表的「重德文化精神」，而是儒學精神具體化之後的「重德文化現象」。

第五章 儒家心性論哲學的特殊內容

　　前章從「哲學功能」問題下的「引導型哲學」出發，得知儒家轉化自我與世界的特殊內容，本章接著以此內容為原則，以「發展」觀念為線索，從「哲學定義」問題來探究「儒家心性論哲學的特殊內容」，並分兩點來說明：第一，「心性論哲學」無普遍內容可言，故應從「發展」觀念下手，涉及對象為勞思光建構的儒學史觀，此為哲學史問題的思考進路；第二，「心性論哲學」既然無普遍內容可言，故應將它與「宇宙論」、「形上學」並列，涉及對象為勞思光對儒學史中各個理論模型效力高低的判定，此為哲學理論問題的思考進路。

　　然則，「心性論哲學」何以並非如同「引導型哲學」般有「普遍內容」可供探索？這是因兩者背後衍伸的問題不同。也就是說，「引導型哲學」是思考「哲學功能」問題而得，「心性論哲學」則是思考「哲學定義」問題而得。前者處理「中西哲學如何溝通」的問題，是以得出兩個不同的哲學功能，後者則處理「中西哲學特性有何不同」的問題，故得出各個不同的哲學部門。在此理論範圍的限制下，身為「哲學部門」之一的「心性論哲學」，無法如同「引導型哲學」可涉及「普遍內容」的探討。

　　明確地講，「心性論」是中印重德文化精神產生的哲學理論，它只能作為東方哲學特有的哲學部門，故與西方哲學只能作比較活動，而不能作溝通活動，若要溝通則須離開「哲學定義」問題，另從「哲學功能」問題下手。依此，在「雙方如何溝通」的要求下尋找中西文化共有之「哲學功能」，與在「雙方有何不同」的要求下尋找中西文化非共有之「哲學部門」，兩者所涉及的問題特性不同，故「哲學功能有普遍內容，哲學定義無普遍內容」，分別對應「儒家引導型與心性論的特殊內容」，則可衍伸出以下兩種不同的討論進程：

第一：就「哲學功能」問題而言，討論進程為先找出「引導型哲學的普遍內容」，通過與「認知型哲學」的比較，我們得知它主要是提供一種人生態度或主張，目的是要達成轉化自我與世界。接著以此內容為線索，探究「儒家引導型哲學的特殊內容」。對此，前章所涉及的材料是儒學外部範圍，即勞思光對「儒釋道三家精神特性比較」問題的觀點。

第二：就「哲學定義」問題而言，討論進程就無法如同上述般可以先找出「心性論哲學的普遍內容」，再以此內容為線索探究「儒家心性論哲學的特殊內容」。既然「心性論哲學」無普遍內容可言，故應另尋他途。對此，本章所涉及的材料是儒學內部範圍，即勞思光對「儒家哲學史的發展演變」與「儒家哲學理論效力的判定」兩個問題的觀點。

至此，本章的討論進程，是先說明〈導論〉所言的「發展」觀念，即筆者所謂「有升有降」的內涵究何所指；接著解釋勞思光《中國哲學史》中將「宇宙論」、「形上學」、「心性論」三個理論模型並列的系統思路；最後是將前兩個論題的討論成果作為基礎，解析勞思光《中國哲學史》中的儒學史觀，得出「儒家心性論哲學的特殊內容」。另須注意者，若將這三個步驟與前章所述廣、狹義的「儒家思想原型」合看，第三個步驟可分成兩個面向，一是「廣義儒家思想原型」（涉及儒家哲學史階段的建構），二是「狹義儒家思想原型」（涉及儒家哲學理論效力的判定）。而後者才是本論文題目中「儒家思想之原型」的真正指涉。

就「原型」的真正指涉而言，也許有人會問：「何以該『原型』不能是廣義儒家思想原型，而必須是狹義儒家思想原型？」對此，筆者試從「理論範圍」問題來回應：本論文題目「從勞思光的主體性觀念探究儒家思想之原型」中的「原型」，是被「勞思光的主體性觀念」限定的「原型」，故只要當我們將理論範圍擴大，另從「勞思光的客體性觀念」來探究「儒家思想之原型」，得出的理論成果顯然不是本論文所要探究的「原型」。

然則，這裡要面臨更進一步的問題是：「所謂『儒家思想之原型』是否在不同的研究取向下，會造成兩種、甚至三種以上不同的『原型』？換言之，我們是否根本不可能找出那絕對且唯一的『儒家思想之原型』？『原型』只不過是個人或學派立場不同所建構出來的產物？」對此，必須說明的是，勞思光主體性觀念下的「心性論」模型，與客體性觀念下的「宇宙論」、「形上學」模型，兩者皆屬於「哲學定義」問題的範圍。就此範圍來看該問題，答

案當然是肯定的，畢竟無論從「主體性」或「客體性」來探討儒學，兩者只有「思路」的不同。依此，由於個人或學派立場的不同，造成彼此以各自的「主觀」爲標準，從不同的「思路」來探究相同的「材料」，最後得出各個不同的理論成果。〔註1〕在此情形下，會有兩種，甚至三種以上不同的原型是很自然的結論。由此可見，我們必須承認勞思光有其自身對儒學的「主觀」，如〈導論〉所言，這是採用「研究哲學家的途徑」所必須承認的，此種「主觀」形成某種意義下的「儒家思想之原型」，且不過是眾多原型中的一種而已，此種可能，我們也不應否定。

但本論文要強調的是，這是在「哲學定義」問題的討論範圍下所得出之結論，而我們不能由此範圍來探究勞思光的儒學觀。換言之，勞思光對儒學的「主觀」不能從「哲學定義」問題中「以主體性爲中心的心性論哲學」裡找到，否則終將陷入〈導論〉所言「只掌握一半」的後果。因本論文所持的「原型」意義，不僅只涉及「哲學定義」問題，還涉及「哲學功能」問題。若對勞思光儒學觀的理解，只停留在「哲學定義」問題的探討，則是不夠周延的。此可分兩點來說明：

第一：就對儒學研究方法的判定而言，勞思光是從方法上的「有效無效」來肯定「主體性」觀念或「心性論」模型，這是涉及「哲學定義」問題的範圍而得者。然而，這還不能推出「以主體性爲中心的心性論」比「以客體性爲中心的宇宙論、形上學」還要「有效」，因所謂「有效無效」須以涉及的研究對象或材料作判斷，故在勞思光對儒學研究方法的考察下，他認爲運用「以主體性爲中心的心性論」處理該材料，是比「以客體性爲中心的宇宙論、形上學」

〔註1〕 勞思光著，《中國之路向》，頁 51 云：「所謂『主觀』，並不表示成見或偏見之類，只是標示選擇與決定特性。人作一種選擇及一種決定時，除了涉及某些認知內容以外，必定先有一種價值上的肯定或否定：這種肯定和否定，不依於強迫性的事實和關係，而依於有主宰性的意志。」《思光學術論著新編》（六），共 13 卷，香港：中文大學出版社，2001 年 1 版 2 刷。可見，過去已有的材料呈現在現代人的面前時，應該要如何去解讀、判定這些材料，並不是「被決定的」。如〈導論〉所言，有人持「儒學非哲學」的觀點，而從宗教學或民俗學等其它學問領域來談；有人持「儒學是哲學」的觀點，而從各個不同的哲學部門來談。無論如何，這些不同的立場背後，並不依於「強迫性」的事實和關係，而是自覺心層面下的價值取向與選擇，進一步說，儒學應從何種哲學部門來談才能貼近原旨？這當然不是「被決定的」，而是基於研究者自身的「主觀」。

更具解釋效力。然而，這尚不足以決定何以勞思光認爲前者的解釋進路比後者更有效。對此，須轉入第二點。

第二：就對儒學精神方向的判定而言，勞思光以其文化哲學立場，對「儒學」的精神特性作全面判斷，該判斷內容即前章所述「儒家引導型哲學的特殊內容」，這是涉及「哲學功能」問題的範圍而得者。對此，我們必須承認，此內容是基於他自身的「主觀」，而非客觀描述。〔註2〕究其實，所謂的「一家之言」本就具備「主觀」成份。

總之，在理論程序上，必須先理解勞思光眼中的「儒學在哲學領域裡的功能」是「引導型」，才能理解勞思光何以認爲「儒學在哲學領域裡的特性」是「心性論」。關於「儒家引導型哲學的特殊內容」已在前章析論。本章以此內容爲原則，以「發展」觀念爲線索，把「宇宙論」、「形上學」、「心性論」三者並列爲思路，再以「勞思光的儒學史觀」爲材料，使用「價值根源問題的設準」，分別探究「儒家哲學史的發展與演變」與「儒家哲學理論效力的判定」問題，得出「儒家心性論哲學的特殊內容」。

第一節　發展觀念之釐清

在本論文第二章〈勞思光的主體性觀念之釐清〉中，提到他的《中國哲學史》爲其文化哲學立場的作品。但此論斷的根據何在？簡言之，我們僅理解勞思光的學思立場是注重對文化問題的反省是不夠的，因其文化哲學與中國哲學的研究成果有何內在的理論脈絡關係，不能從「《中國哲學史》是勞思光文化哲學立場的作品」來決定，因該命題只具形式的肯定，尚未涉及具體內容，故本節是對該命題作進一步的探究。至於探究方法，則是從「發展」觀念下手。

首須說明的是「發展」觀念衍伸的史觀問題，對應上述的「主觀」，各學人對此問題當然可以有各自立場的觀點。但本論文所涉及研究範圍是勞思光的「一家之言」，故闡述重點是他對儒學史發展與演變問題的看法，其他學人

〔註2〕 參閱勞思光著，《新編中國哲學史》（三上），頁837云：「『哲學定義』的問題，如取『本質定義』的意義，則可以不談（因爲可以代之以『實指定義』）；但『哲學功能』的問題，卻是不能不談的。無論持什麼理論立場談儒學，總不能不對『哲學能做什麼』一問題作某種決定；儘管如上面所說，這種決定本身每每正是某種哲學觀點的表露，而不是所謂客觀描述。」共三卷四冊，臺北市：三民書局股份有限公司，2006年5月重印2版3刷。

就不必涉及。明確地講，「發展」觀念可作爲銜接勞思光的文化哲學與中國哲學研究間的橋梁，而其《中國哲學史》的內容可同時包含這兩個面向之研究成果，這是顯而易見的。從「哲學領域」來看，該問題的實義可轉變成「哲學史的發展與演變」問題；從「文化領域」來看，須明白勞思光眼中的「文化」與「哲學」不可分，故該問題的實義可轉變成「文化史的發展與演變」問題；所謂的不可分，主要是指「哲學理論」爲「文化精神」（個體性）的產物，則上述史觀問題的眞正實義，是「中國重德文化精神所產生哲學理論的發展與演變」問題。〔註3〕該問題既能包括勞思光文化哲學立場，也能包括他對儒家哲學的詮釋觀點。

　　既然「哲學理論」是「文化精神」（個體性）的產物，故在論述程序上，後者應先於前者。依此，這裡須從「文化精神問題的設準」出發。要言之，我們須先掌握勞思光文化哲學立場下所謂「中國文化精神」的特性，乃以道德心爲主的重德精神，該精神的具體內容爲「價值完成正當秩序」，掌握此義後，才能逐步釐清「發展」觀念的意涵。

一、有升有降的發展史觀

　　如〈導論〉所言，「有升有降」是針對「步步上升」而提出者。勞思光認爲傳統儒學發展與演變過程並非處於不斷上升的狀態，它既有下降的一面，也有上升的一面，但此兩面的區分標準爲何？大意是說，必須先確立一個發

〔註3〕有關哲學史與文化史的不同，勞思光著，《新編中國哲學史》（三上），頁8至
　　　9云：「本書取哲學史立場，故只能論及哲學思想內部之因素。但此非謂強指
　　　內部因素充足決定衰落。歷史事件中，每一情況皆有特殊條件：故論析某一
　　　次思想衰落時，從哲學史立場看，即應先觀察內部因素是否已足決定此衰落，
　　　倘不足決定，則應說此一衰落乃受外在因素決定者；換言之，即應說明此一
　　　衰落並非哲學思想內部之問題。若內在因素確已足夠決定思想衰落，則即不
　　　能繞向外緣；只應就思想本身作一說明。此正是文化史與哲學史之差別所在：
　　　倘不能把握此種分際，則可能在外緣因素上纏繞不清，反而不能把握思想內
　　　部問題。如此即不足言『哲學史』矣。」共三卷四冊，臺北市：三民書局股
　　　份有限公司，2007年1月重印3版4刷。「衰落」是本論文「發展」觀念中的
　　　「有降」，但有一重要分別必須提及，就是勞思光使用的「文化史」之「文化」
　　　乃「文化現象」義（外緣因素），而非扣緊「主體性」觀念的「文化精神」義，
　　　此義即勞思光所言「哲學史的內在因素」，其之所以如此，乃因勞思光眼中的
　　　「哲學理論」是「文化精神」（個體性）的產物，故「文化精神」是銜接勞思
　　　光「文化哲學研究」與「中國哲學研究」的橋梁。

展的始點爲判準,才能談「有升」與「有降」的問題。對此判準的理解,可分兩點來談。

第一,從儒學在哲學領域裡的特性來看,勞思光對此判準的規定爲「心性論中心哲學」。依此,學界對勞思光《中國哲學史》中儒學史觀的掌握,就是「心性論中心哲學的儒學詮釋史觀」,該史觀的大意是先確立儒學之特性乃先秦「以主體性爲中心的心性論哲學」,後來的兩漢「以客體性爲中心的宇宙論哲學」背離此判準,故稱之爲「有降」,再後來的宋明就有一往「以主體性爲中心的心性論哲學」進展之過程,故稱之爲「有升」;〔註4〕而學界對勞思光儒學觀的質疑,是就他對先秦孔孟儒學文獻的解讀與判定乃「心性論」哲學而言,認爲這判準有失客觀,因該文獻內部不僅有「以主體性爲中心的心性論」成份,也有「以客體性爲中心的宇宙論、形上學」成份,故只把先秦孔孟儒學視爲「心性論」哲學,是不夠完備的。誠然,這樣的質疑並非悖理,因就「哲學定義」問題而言,我們對過去已有的文獻應從何種「哲學部門」來作解讀與判定,這不是已被決定的事,而是基於各自的「主觀」態度與立場來決定,勞思光也不例外。但本論文要強調的是,勞思光自身所持的態度與立場,並非他肯定「心性論中心哲學」,而是另有所指。也就是說,他對孔孟儒學文獻的解讀與判定確爲「心性論中心哲學」,但該判定另有根據。對此,須轉入第二點。

第二,從儒學在哲學領域裡的功能來看,勞思光對此判準的規定,就「文化精神問題的設準」而言,就是「中國重德文化精神」以「道德心」爲主的「價值完成正當秩序」,這才是他對「儒學」的眞正判準。換言之,代表中國文化主流的「儒學」,其精神方向就是前章「儒家引導型哲學的特殊內容」中的「轉化世界」。然則,確立「如何建立正當秩序」的重德文化精神方向後,〔註5〕尚未決定如何達至此方向,此決定仍須依於主體自覺的創造活動,該活

〔註4〕 吳有能著,《百家出入心無礙——勞思光教授》,頁 110 云:「這並不代表勞先生用進化觀來看宋明儒學,勞先生更沒有持黑格爾式目的論歷史觀,因爲他並沒有把心性論在陸王手上的再現視爲一歷史發展的必然歷程。⋯⋯他確定心性論爲孔孟原旨,而宋明儒學既以恢復孔孟原旨爲依歸,那麼就可以心性論爲一判準,衡量宋明諸儒是否能夠恢復原義,⋯⋯基於這樣的觀察,從周、張經程、朱到陽明,就是一個愈來愈貼近心性論的『發展』過程,這不是預認一進化論或目的論,只是依一理論判準而得出的實際結果。」臺北市:文史哲出版社,中華民國 88 年 4 月初版。可見勞思光所持的發展觀念乃「有升有降」,而非「步步上升」。

〔註5〕 勞思光著,《新編中國哲學史》(一),頁 357 云:「中國文化精神由孔子論『仁、

動的產物即「哲學理論」。然則，在「價值完成正當秩序」的要求下所產生之「哲學理論」，是否必須爲「心性論中心哲學」？對此，勞思光的答案是肯定的。〔註6〕誠然，學界仍可質疑此種肯定，但這必須涉及「哲學理論效力的判定」問題，才能理解勞思光爲何肯定「心性論中心哲學」，此非本節範圍所能容納，留待後面再談。

回到「發展」觀念，此處我們只需掌握勞思光是以「中國重德文化精神方向」（建立正當秩序）作爲對「儒學」發展的判準，而非以「中國重德文化精神產生的哲學理論」（心性論哲學）作爲對「儒學」發展的判準；換言之，他是以儒家的「哲學功能」爲判準，而非以儒家的「哲學定義」（部門）爲判準。另須強調者，這並不是說儒家的「哲學定義」（部門）無判準可言，因勞思光在《中國哲學史》中很明確地將「心性論中心哲學」視爲「儒學」發展的判準，只不過該判準是被儒家的「哲學功能」或「引導型哲學」限定之判準，這是避免如〈導論〉所言「只掌握一半」的關鍵。明確地講，在理論劃分上，「發展」觀念可衍伸出兩種判準，一爲「文化精神」，二則爲「哲學理論」；在理論程序上，「文化精神」的討論必先於「哲學理論」。理解此兩種發展始點判準的上下層級關係後，接著就可從「有升」與「有降」來看「文化精神」與「哲學理論」在儒家哲學史中的內涵爲何。

二、文化精神的發展史觀

勞思光《中國哲學史》中對「儒家哲學史發展與演變」問題的看法，是基於其早期文化哲學理論中對宋代理學運動的文化史意義之判定，該判定的根據，主要是出自他對「文化精神」問題的反省。大意是說，「宋代理學」在

義、禮』之說而定型：孔子原意在於重建周文，而周文所涉乃生活秩序，故儒學以『如何建立正當生活秩序』爲其基源問題，而孔子針對此一問題所提出之『仁、義、禮』三觀念，遂決定一重德性之文化精神，形成中國文化之主流勢力。」共三卷四冊，臺北市：三民書局股份有限公司，2008 年 10 月重印 3 版 5 刷。

〔註6〕勞思光著，《新編中國哲學史》（二），頁 19 云：「儒學起於對生活秩序之要求：觀孔子崇周文而言禮，即可知之。但孔子立說，自『禮』而返溯至『仁』與『義』。於是『仁、義、禮』三觀念會爲一系：外在之生活秩序源於內在之德性自覺；故其基本方向爲一『心性論中心哲學』。及孟子言性善，言擴充四端；於是點破德性自覺（或對『應然』之自覺能力）爲人之 Essence 駁告子『自然之性』之觀念；此一心性論中心之哲學，遂有初步之成熟。」共三卷四冊，臺北市：三民書局股份有限公司，2007 年 1 月重印 3 版 4 刷。

中國文化史中的地位，類似於近代「文藝復興」在西方文化史中的地位，故可說「理學運動」乃「中國的文藝復興」。但兩者類似的根據爲何？他說：

> 比觀理學運動與文藝復興運動時而說二者類似，此類似是怎樣決定的？這就文藝復興的形式意義說即可明白。……所謂復興即是一種重肯定；既有重肯定，則第一必有被重肯定的對象，第二必有在重肯定時所否定的對象。這即表示一種歷史脈絡。當然這種歷史脈絡只有形式意義。換言之，我們這樣觀察時，只重在其有一肯定，有一否定以及由肯定至重肯定的過程，不必問肯定的是甚麼，否定的是甚麼。……這裏所決定的類似，是歷史處位的類似；而不涉其具體內容。換言之，理學運動所以和文藝復興類似，因爲文藝復興是希臘精神經消沉而重新興起，理學運動是儒學精神經衰落而再振；儒學精神與希臘精神儘管不同，但此一過程則相同。這是形式的類似。……文藝復興爲一求文化精神重肯定的運動；則從發展著眼，並強調一歷經起伏的發展者。……將文藝復興看作一文化精神由盛起而消沉而再盛的發展，則就此接觸中國文化問題，……中國儒學精神自孟子後即漸次成爲中國文化精神之主流、至漢即確定一尊之局。而魏晉之後，五胡亂華、蠻族破壞秩序，佛教日盛，外來文化精神乘機壓制本有文化精神，這是由肯定到否定之階段；宋代理學在方向上秉持孟子之重德方向，而體系大備；反而拒退佛教，此處重肯定即出現而且完成。與西方希臘精神經中古之衰而至文藝復興時再盛之過程相較；顯然有形式之相同。不同者只是一方以重德精神爲發展者一方以重智精神爲發展者而已。〔註7〕

〔註7〕 勞思光著，《哲學與歷史》，頁93至124，《思光少作集》（二），共七卷，臺北市：時報文化出版企業有限公司，中華民國75年10月31日初版。有關「歷史處位」，勞思光著，《文化問題論集新編》，頁 198 云：「文化運動必是要使所關的文化精神更趨理念一步，或者說更完美更合理些，而落實下來，則這種『更完美』或『更合理』的確定內容，又必定在縱的方面爲歷史階段所決定，在橫的方面爲並存的異質文化所影響所限制。所以，任何一文化運動之目標或及途徑，必不能離開『歷史的處位』問題而得決定。」《思光學術論著新編》（七），共13卷，香港：中文大學出版社，2000年。縱的方面乃中國文化精神之內部問題，即「儒學」在面臨不同時代環境——先秦、兩漢、宋明——下形成不同的哲學理論；橫的方面乃中國文化精神面臨之外部問題，即「儒學」面臨承繼印度重德文化精神而來的「佛學」之挑戰。在勞思光的文化哲學立場下，橫的方面在理論程序上必須先於縱的方面。也就是說，唯有

就大方向來說，「發展」觀念的形式意義，主要可分成「肯定」、「否定」與「重肯定」這三大階段。〔註8〕配合上述「有升有降」的發展意涵，「肯定」的階段是確立發展者，「否定」的階段是「有降」，「重肯定」的階段則是「有升」。然而此說法尚未決定肯定與否定甚至重肯定的「對象」是什麼。故我們必須從勞思光的文化哲學立場來理解，則所謂「對象」就是指「文化精神」，至於該精神的具體內容，則可通至上述他對「儒學」發展的判準，即「價值完成正當秩序」，而該精神的產物，即「心性論中心哲學」。

就「文化精神問題的設準」與「發展」觀念的關係而言，「肯定」、「否定」與「重肯定」的對象，皆是「中國重德文化精神」以「道德心」為主的「價值完成正當秩序」。但此處有兩點必須說明：

第一，在「否定」的階段裡，必有另一對象被「肯定」，該對象即「印度重德文化精神」以「宗教心」為主的「價值完成自我超昇」，此為「佛教日盛，外來文化精神乘機壓制本有文化精神」的意涵。

第二，在「重肯定」的階段裡，必有另一對象被「否定」，該對象同上，此為「秉持孟子之重德方向，而體系大備；反而拒退佛教」的意涵。

然而，從文化活動的「全程」與「半程」來看，〔註9〕「儒學」對「佛教」的抗拒與排斥，絕非「價值完成正當秩序」對「價值完成自我超昇」的抗拒與排斥，因傳統儒學文獻也涉及「轉化自我」問題，且對其重視的程度不下於「轉化世界」問題，即使後者在勞思光眼中是儒學精神的究竟義，但過去的儒者較重視前者則是事實。另外，對「轉化自我」問題建構的理論，可稱之為「工夫論」，這也是儒佛雙方共有的。依此，若說「否定」的對象就是「價值完成自我超昇」，必使儒學陷入自我否定的困境，這就是「文化精神問題設

解決「文化精神」的方向問題，才能進一步地解決該方向應產生何種「哲學理論」的途徑問題。

〔註8〕 此三階段的劃分，後來延續為勞思光撰寫《中國哲學史》裡提出的「發生期」（早）、「衰亂期」（中）、「振興期」（晚）三階段的分期原則，此須從他對「文化精神」問題的反省來理解。參閱勞思光著，《新編中國哲學史》（二），頁1至2。不同的只是第三階段的「晚期」，包含「振興期」與「振興而轉入僵化期」兩個階段，後者是勞思光對清代儒學的判定，非本論文只涉及先秦、兩漢、宋明儒學三階段的範圍所能容納。對此分期原則，另參閱勞思光著，《新編中國哲學史》（三上），頁1至5。

〔註9〕 參閱本論文第四章，〈儒家引導型哲學的特殊內容〉，頁69，註20。

準」的限制。對此，須另從其它理論設準來看「發展」觀念的意涵。

就「自我境界問題、世界觀問題的設準」與「發展」觀念的關係而言，「肯定」、「否定」與「重肯定」的對象，皆是儒學「健動主體自由」的「肯定世界」或「化成世界」之精神方向。對應上述兩點的區分，此處的說法是：

第一，在「否定」的階段裡，必有另一對象被「肯定」，該對象即佛教「靜斂主體自由」的「否定世界」或「捨離世界」之精神方向。

第二，在「重肯定」的階段裡，必有另一對象被「否定」，該對象同上。

所以，儒學對佛教的抗拒與排斥，從「世界觀問題的設準」來看至為明顯。故發展觀念的「有升」與「有降」的區別，就是儒學「肯定世界」與佛教「否定世界」的區別。不過這裡的討論範圍只涉及「文化精神」之方向問題，對於文化精神產生「哲學理論」的途徑問題尚未涉及。也就是說，當我們確認儒佛「精神方向」是對立的存在時，並不能由此推出兩者的精神方向產生之「哲學理論」也是對立的存在。也就是說，儒佛的「心性論」無對立可言，而是產生儒佛「心性論」背後依據「精神方向」的對立，此乃「文化精神」與「哲學理論」的上下層級關係。故勞思光對「儒學史發展與演變」問題的看法，主要是基於對「文化精神」問題的反省而來，這是顯而易見的。

然而，從「文化精神」問題來談「發展」觀念是一事，從「哲學理論」問題來談「發展」觀念又是另一事。前面提到「文化精神」與「哲學理論」是上下層級關係，但這不代表「哲學理論」這一層面不能談「發展」觀念，因「文化精神」涉及的「發展」觀念，是經由儒學外部範圍的兩個異質文化精神間的抗拒與排斥而產生「肯定」、「否定」與「重肯定」三階段的發展史觀，此為「價值完成正當秩序」與「價值完成自我超昇」之辨，或「儒」與「佛」之辨；至於「哲學理論」涉及的「發展」觀念，是經由儒學內部範圍的單一文化精神產生哲學理論的「肯定」、「否定」與「重肯定」三階段的發展史觀，此為「以主體性為中心的心性論哲學」與「以客體性為中心的宇宙論、形上學」之辨，或「主」與「客」之辨。

第二節　儒家心性論哲學中的價值根源

有關「主」與「客」的區分標準，須從「價值根源問題的設準」來看，若不經由此設準，將導致無法涉及兩漢儒學階段的後果。因為從「文化精神」

問題來看「發展」觀念，勞思光建構的儒學史觀，是對儒學精神方向的「肯定」、「否定」與「重肯定」這三個階段，分別對應「先秦儒學」、「隋唐佛學」與「宋明儒學」這三個時期，該時期的演變實況就是「儒佛之爭」。由此可看出「兩漢儒學」時期無法從「文化精神」的「發展」觀念來解釋。就勞思光中國哲學史立場而言，一是兩漢時期的佛學是處於潛伏成長的狀態，尚未佔據中國文化主壇；〔註 10〕二則是兩漢時期的儒學是處於退化停滯的狀態，但並未否定儒學「價值完成正當秩序」的精神方向，〔註 11〕故文化精神的「否定」階段無法涉及兩漢儒學。

但如〈導論〉所言，本論文探究的儒家思想之原型，必須涉及先秦、兩漢、宋明儒學這三個時期，若缺了其中一段，將陷入只有「部份」沒有「整體」的後果，故筆者提出「有升有降」代替「步步上升」的觀點，藉此涵蓋兩漢儒學，故此發展觀的大意是先秦儒學的「萌芽期」、兩漢儒學的「退化期」、宋明儒學的「成熟期」。然則，這如何與文化精神的「肯定」、「否定」（有降）、「重肯定」（有升）這三階段相應呢？既然兩漢儒學無法由這三階段來說明，是否意味著「有升有降」根本無法更周延的探討「儒學的發展與演變」問題？也就是說，「有升有降」是否只能涉及儒學外部範圍來與佛學作對比，根本不能涉及儒學內部範圍來區分先秦、兩漢、宋明儒學這三個時期，探究其發展觀？

單從「文化精神」來說，則答案是肯定的；但如前所述，勞思光對儒學「發展」的判準，不只有「文化精神」的一面，也有文化精神產生「哲學理論」的另一面，故要從「儒家哲學史的發展與演變」問題來探究「廣義的儒家思想原型」，必得從儒學內部範圍的「哲學理論」下手，然而「哲學理論」不能離開「文化精神」，則是必須掌握的。

至此，從「哲學理論」層面來談「發展」觀念的三階段，則先秦儒學爲「以主體性爲中心」的萌芽期（肯定）、兩漢儒學爲「以客體性爲中心」的「退

〔註10〕 勞思光著，《新編中國哲學史》（二），頁 5 云：「佛教雖在兩漢間已逐漸傳入中國，其初固未能影響中國哲學思想。至東漢末年，國人猶以佛教與禱祀之事並論；所謂『浮屠』之教，蓋視爲神仙方術一流，未嘗深究其教義及理論。」

〔註11〕 同上，頁 29 云：「漢儒在基本問題上（如價值問題及心性問題）固作妖妄幼稚之說，大悖孔孟原意，而成爲思想上一大沒落；然在行事及實踐一面，則大體尚與儒家本來之主張相近。如政治方面之強調教化；生活態度方面之鄙視功利；在董仲舒及其他經生均視爲通義。而此種種實爲孔孟之主張。」另參閱勞思光著，《中國文化要義新編》，頁 22，《思光學術論著新編》（一），共13 卷，香港：中文大學出版社，2002 年 1 版 3 刷。

化期」（否定）、至於宋明儒學則爲「由客體性至主體性」的成熟期（重肯定），而隋唐佛學非此儒學內部範圍所能涉及，這就是「文化精神」與「哲學理論」兩種發展觀涉及範圍的不同。

但如前所述，既然哲學理論發展階段的「否定」對象不能是「儒學精神方向」，那所謂的「否定」究何所指？應另尋他途。要言之，「文化精神」發展觀的儒學判準是從「自我境界」與「世界觀」這兩個理論設準衍伸的「哲學功能」問題得來的；至於「哲學理論」發展觀的儒學判準，則須從「價值根源問題的設準」衍伸的「哲學定義」問題來說明。

所謂「以主體性爲中心的心性論」模型與「以客體性爲中心的宇宙論、形上學」模型的判別，就是「價值根源於心」與「價值根源於天」的判別。故「宇宙論」、「形上學」、「心性論」三者可以並列起來形成「思路」，主要是以「價值根源問題的設準」爲根據，此問題要言之，即「善惡」、「好壞」、「應該不應該」等價值詞語成立的根源何在？而在儒學的發展與演變過程中，對該問題的回答，不外乎「以主體『活動』解釋價值」與「以客體『存有』解釋價值」這兩大類，故儒學內部範圍的發展與演變之實況，要言之，就是價值根源爲「主體性」或「客體性」的對抗與排斥。依此，兩漢儒學的「退化」或「有降」，就是背離「價值根源於心」走向「價值根源於天」的過程；而宋明儒學的「成熟」或「有升」，就是擺脫「價值根源於天」逐步走向「價值根源於心」的過程。故勞思光對儒學發展的判準，可另從他對「價值根源」問題的觀點來看：

> 論及「應然」或「價值」時，吾人首先應明白此類問題不是「事實問題」。因無論何種事實，只能「有」或「無」；本身無所謂「價值」。決定事實之「有無」，依賴知覺能力；而知覺能力本身亦不能涉及所謂「應該」或「不應該」。當人說「此事是不應該（或應該）」時，人是對此事實另加一判斷；此判斷之謂詞，本身即不表示任何知覺或經驗中之性質。「應該」或「不應該」不唯不是知覺中之性質，而且亦不是推理思考中之性質。當人說「這是甜的」，「甜」之意義依於人之知覺而成立；當人說「這是必然的」，「必然」之意義依於人之推理思考而成立；但當人說「這是應該的」，則此中「應該」一詞之意義既不能依於知覺而成立，亦不能依於推理思考而成立；必須另有來源。……故真問題只在於「應該」一詞所含之意義，何由而來？或依何能力而成立？……「應該」之意義包含「普遍性」與「規範性」，

故與「有無」、「眞僞」、「必然不必然」等問題均不同。其次，此一意義本身是「不可分」及「不可化歸」者，意即是 "atomic"。因此，此意義必依於一種獨立之能力而成立。倘吾人之能有對「應該」之意識，乃由於一獨立能力而然；則此一 "Faculty" 即與知覺、推理思考等不是一事，而且亦與「認爲某事應該」之具體心理現象亦完全不同。此種能力——即 "Faculty"，在以往哲學家或稱之爲「理性意志」，或稱之爲「實踐理性」，或稱之爲「義理之性」，或稱之爲「良知」；此各種說法皆各有不同之語脈，但皆指此作爲價值之根源之能力而言。依此，吾人可知，「價值問題」之根源，出於此一能力，而並非出於事實上某種存在，或某種關係；換言之，即不能從「客體性」（Objectivity）一面獲得解釋，只能從「主體性」一面獲得解釋。……吾人如確知「價值」問題不是可通過「客體性」以解釋者，則凡依一切訴於「存有」以說價值之理論，無論如何複雜精巧，基本上必不能成立；由此，一切以「形上之規律」或「宇宙之規律」爲依據，而欲解釋「價值」之說，亦皆有根本困難。〔註12〕

從「價值根源於主體性」來看，他旨在說明人本身除了具備描述「有無」（實然）的知覺能力、制定「眞僞」（必然）的推理思考能力外，也具備判斷「應該或不應該」的價值自覺能力。這三者皆可由「主體活動」來解釋，但各自「活動」的意義不同。從本論文第二章〈勞思光的主體性觀念之釐清〉中「人的雙重性」論證來看，〔註13〕知覺能力是「化入條件系列」的形軀反應，被經驗世界給限制，故該能力只能描述「有無」，不能決定「應不應該」，無主宰力可言；推理思考能力是「跳脫條件系列」的自覺活動之「制定意願」，在某種意義方面不被經驗世界限制，但與經驗世界爲主客分立的關係，故該能力只能制定「眞僞」、「必不必然」，不能決定「應不應該」，只有關係境域內的主宰力；至於價值判斷能力是「跳脫條件系列」的自覺活動之「純粹意願」，不被經驗世界限制，故該能力可決定「應不應該」，自身就是超關係境域的主宰者。故「價值根源於主體性」是勞思光對儒學的另一判準。由此可見，對

〔註12〕勞思光著，《新編中國哲學史》（二），頁 111 至 113。勞思光著，《哲學問題源流論》，頁 15 亦云：「我肯定價值之根源必須歸於主體。」《思光學術論著新編》（十），共 13 卷，香港：中文大學出版社，2001 年。

〔註13〕參閱本論文第二章，〈勞思光的主體性觀念之釐清〉第二節，〈勞思光對主體性觀念的定義問題〉，頁 33 至 37。

於應從何種「哲學理論」來解讀與判定先秦孔孟儒學的問題，他認為必須是「以主體性為中心的心性論哲學」，而不能是「以客體性為中心的宇宙論、形上學」，這是得自於「價值根源」問題的反省。

　　經由上述，我們可以發現勞思光在使用「理論設準」來解析傳統儒學文獻時，有自身的哲學見解與立場在內，〔註14〕但這並不妨礙筆者使用「理論設準」來解析他建構的儒學史觀時，只把它看作「澄清或整理問題的方法」。也就是說，「價值根源於客體性」雖在勞思光眼中是無法「成立」的，但不能因它「不成立」就說它「不存在」。換言之，「以客體性為中心的宇宙論、形上學」在傳統儒學中是否「存在」，與是否「成立」終非一事。因此，不能以「價值根源於客體性『不成立』」為理由，而說心性論不能與宇宙論、形上學並列起來。換言之，三者之所以能並列，是它們皆「存在」於傳統儒學文獻內，且都對「價值根源」問題有所回答。至於此種「存在」的根據為何？則必須先明白勞思光如何理解「宇宙論」、「形上學」、「心性論」這三個哲學部門，他說：

　　　宇宙論與形上學之差異，在於形上學之主要肯定必落在一超經驗之「實有」（Reality）上；建立此肯定後，對於經驗世界之特殊內容，可解釋可不解釋。即有解釋，亦只是「形上實有」觀念之展開。此「實有」本身之建立並不以解釋經驗世界為必要條件。而宇宙論之主要肯定，則落在經驗世界之根源及變化規律上；此種根源及規律雖亦可視為「實有」，但非超經驗之「實有」。其建立根據每與經驗世界之特殊內容息息相關。故宇宙論之型態，依哲學史觀點說，較形上學型態為幼稚。但宇宙論與形上學又有一共同點，此即以「客體性」或「存有性」為第一序觀念，而不以「主體性」或「活動性」為第一序。因此，

<hr>

〔註14〕馬愷之撰，〈歷史性、哲學與現代性的命運：勞思光的《中國哲學史》與列奧・施特勞斯〉，收錄於劉國英、伍至學、林碧玲合編，《萬戶千門任卷舒——勞思光先生八十華誕祝壽論文集》，頁246至248云：「『設準』的使用不僅牽涉形式或陳述問題，亦反映出勞氏的哲學立場或哲學抉擇。……勞氏所擔心的是，從事撰述哲學史的學者失去哲學思考能力，停留在純粹敘事層次上，只撰寫一些像胡適寫過的史學著作（勞氏亦稱之為『彙編』式的東西），而無法將中國哲學傳統視為一個至今仍然具有規範性的哲學主張。……使用『設準』乃是勞氏承當中國哲學傳統的一種表現。換言之，勞氏使用『設準』時，已經肯定了一些實質的價值，並未只停留在表述層次上，……『設準』的提出來自於他自己的『識見與哲學智慧』。」香港：中文大學出版社，2010年。

皆與以「主體性」為歸宿之「心性論」不同。〔註15〕

根據主客二分，「心性論」與「宇宙論、形上學」的差異為「主體活動」與「客體存有」的不同。但同為以「客體存有」為歸宿的「宇宙論、形上學」，兩者的相異處是實有觀念「經驗」與「超經驗」之不同。〔註16〕簡言之，宇宙論模型是肯定「經驗客體實有」；形上學模型是肯定「超驗客體實有」；至於心性論模型則是肯定「超驗主體實有」。但就「形上學」來說，既然它對經驗世界的根源及變化規律，有「解釋」與「不解釋」這兩種，那此兩種形上學模型是否皆已「存在」於傳統儒學文獻內？若是，則此兩種形上學模型應如何表述？此非宇宙論、形上學、心性論三者並列的「思路」所能處理，須配合「材料」來作進一步判定。

　　當我們思考要從何種「哲學理論」來解讀與判定過去的典籍文獻時，此解讀判定並非是「被決定」的，而必須是基於研究者自身的「主觀」。故勞思光如何從「哲學理論」來判定傳統儒學文獻？從主客二分的思路來看，《論語》、《孟子》是「心性論」模型，《易傳》、〈中庸〉則是「宇宙論、形上學」模型；但從客體存有涉及的思路來看，《易傳》、〈中庸〉兩者究竟是「宇宙論與形上學差異」的不同？還是「解釋與不解釋宇宙論問題的形上學差異」之不同？他說：

> 孔孟之說，屬「心性論」立場。漢儒之說屬「宇宙論」立場，《易傳》及〈中庸〉等文件所表現之思想，則以「形上學」為主，而雜有「宇宙論成分」。〔註17〕

可見《易傳》、〈中庸〉皆是雜有「解釋經驗世界的根源及變化規律」成份的「形上學理論」模型。故從儒家「哲學理論」的發展演變問題來看，我們似乎有理由將兩漢儒學視為「以客體性為中心的宇宙論、形上學」階段，而其中的「宇宙論」只是作為「形上學」之附屬品。但從勞思光的《中國哲學史》來看，他把《易傳》、〈中庸〉皆放在漢代哲學範圍內論述。且就用語來說，

〔註15〕勞思光著，《新編中國哲學史》（三上），頁47。

〔註16〕勞思光著，《哲學問題源流論》，頁66云：「形上學與宇宙論之分別，……即無超經驗之實有觀念之部份，與有此觀念之部份。無超經驗之實有觀念時，只有最原始的宇宙論。及實有觀念出現，則經驗界之萬有被視為表象，於是『實有』（reality）與『表象』（appearance）二觀念對峙，形上理論遂出現，通過形上理論再建立宇宙論，而宇宙論即被改造。」

〔註17〕勞思光著，《新編中國哲學史》（二），頁113。

他是以「宇宙論中心哲學」來判定兩漢儒學的特性。但《易傳》、〈中庸〉是
肯定「超驗客體實有」的「形上學」模型，就算有解釋經驗世界根源及變化
規律的內容，它仍是「形上學」模型，故從「宇宙論與形上學的差異」來看，
勞思光應將兩漢儒學視為「形上學中心哲學」而不應是「宇宙論中心哲學」。
但從「發展」觀念來看，勞思光所以特別強調「宇宙論中心哲學」，是為了要
與宋明儒學內出現的理論模型作區別，他說：

> 漢儒卑陋，只知講一種「宇宙論中心哲學」，……《易傳》及《禮記》
> 中所含之某些形上學觀念，並未在漢儒學說中迅速發生影響。此種
> 觀念發揮影響，實以北宋時為最盛。蓋自宋至明，中國思想家欲脫
> 離漢儒傳統而逐步求「價值根源之內在化」；宋明理學即此「內在化
> 過程」之表現。而在最早作脫離「宇宙論中心之哲學」之努力時，
> 自然第一步走向「形上學與宇宙論之混合階段」；其次走入「純形上
> 學」之階段，然後方轉向「心性論之重振」。由此，北宋之周張，代
> 表第一階段。此階段之理論，即與《易傳》、〈中庸〉接近；伊川及
> 明道之學則代表純形上學或第二階段，亦仍以此種資料為重，朱熹
> 承之。陸九淵在南宋時立說，則已開第三階段，其後明之王陽明承
> 之，則漸歸於「心性論」。〔註18〕

這旨在說明《易傳》、〈中庸〉的「形上學理論」模型，不能代表兩漢儒學的思
想特色，就如同先秦哲學家荀子不能代表先秦儒學的思想特色。換言之，勞思
光建構儒學史發展演變階段的方式，是以哲學家的「思路」作為階段劃分之原
則，而非典籍文獻的「材料」。因哲學家建構理論時，在實踐程序上，必須先吸
收前人的成績，才能由此基礎來進一步創造，但前人的哪些成績會影響該哲學
家，並不是已「被決定」的事實，而是基於該哲學家對過去材料的取捨與判斷，
故與其說《易傳》、〈中庸〉的「形上學」觀念在北宋發揮影響力，不如說是北
宋哲學家自覺選擇「形上學」觀念來建構新的哲學理論。依此，以哲學家的「思
路」作為儒學發展階段的劃分，則周濂溪、張載為「宇宙論形上學混合」的第
一階段；二程、朱熹為「純形上學」的第二階段；陸象山、王陽明則為「心性
論中心哲學」的第三階段。此三階段的不同，就是哲學家自覺選擇《易傳》、〈中
庸〉的「形上學」觀念與《孟子》的「心性論」觀念來建構理論之不同。至於

〔註18〕 勞思光著，《新編中國哲學史》（二），頁114。另參閱勞思光著，《新編中國哲
學史》（三上），頁3至5。

兩漢儒學的「宇宙論中心哲學」究何所指？它與上述三種思路有何不同？其與「心性論中心哲學」的不同，前已就「價值根源於主體性或客體性」述及，故略而不談；其與「純形上學」的不同，前已就「宇宙論與形上學的經驗或超經驗」述及，這裡亦略而不談。故此處要處理的問題，便只有「宇宙論中心哲學」與「宇宙論形上學混合」的不同而已。

　　勞思光在早期中國哲學研究中，指出漢代董仲舒至宋代周張的哲學理論模型皆爲「宇宙論中心之哲學」，是假定一天道或外在之本然理序；以此爲宇宙基礎，然後以之爲人之自覺行爲或規範。〔註 19〕既然兩者相同，就似乎不必將宋明儒學第一階段稱之爲「宇宙論形上學混合」，直接用「宇宙論中心哲學」、「形上學中心哲學」、「心性論中心哲學」劃分此三階段更爲恰當。然而，勞思光後來將兩者區分開來，主要是對「價值根源於天」命題的思考。也就是說，無論是漢代董仲舒或宋代周張，兩者的哲學理論模型皆爲「價值根源於天」，但兩者所持「天」的意義爲何？明確地講，勞思光起初認爲兩者之所以相同是皆持「價值根源於天」，但後來認爲董仲舒與周張「天」的內涵不同，即「價值根源於人格天」與「價值根源於形上天」的不同，〔註 20〕故「宇宙論與形上學混合」即通過「天道」觀念中的「天人關係」來解釋價值根源的「半形上學半宇宙論」模型；「宇宙論中心哲學」即通過「天意」觀念中的「天人關係」來解釋價值根源的「純粹宇宙論」模型；〔註 21〕至於通過「理」（實

〔註 19〕　參閱勞思光著，《哲學問題源流論》，頁 7。有關「宇宙基礎」，勞思光著，《新編中國哲學史》（二），頁 24 云：「『五行』觀念，本可視爲對宇宙萬物之元素之解釋。此種幼稚簡陋之宇宙論觀念，在西方及印度古代均有之，不足爲奇，亦不足爲病。但因加入一『天人關係』之觀念，一切人事均以『五行』爲符號而論其盛衰演變，且引生預言吉凶之說，遂與古代卜筮合流；此則爲擾亂思想界之大事。」

〔註 20〕　勞思光著，《新編中國哲學史》（一），頁 79 云：「形上意義之『天』，與『人格天』、『意志天』最大之差別，即是：形上之『天』只表一實體，只有理序或規律，而無意願性，故對應於『天道』觀念。而人格意義之『天』則表一主宰者，以意願性爲本；對此『天』縱有理序可說，亦必繫於意願而說，換言之，對應於『天意』觀念。故『形上天』與『人格天』之分別，實『天道』與『天意』二觀念之分別。」

〔註 21〕　勞思光著，《新編中國哲學史》（三上），頁 148 云：「濂溪所承之儒學，乃《易傳》及〈中庸〉所代表之理論。此一理論以形上學爲主要成份，與先秦孔孟之心性論固不同，即與漢代流行之宇宙論亦有不同。蓋《易傳》及〈中庸〉皆以形上意義之『天道』爲重，雖各有宇宙論成分，然其宇宙論只是補助形上理論者，與董仲舒輩以宇宙論爲主而配以人格性之『天』，乃兩種不同之系

有）與「事」（表象）觀念的二分來解釋價值根源的理論模型，〔註22〕便是未混有「宇宙論」成份的「純粹形上學」。

經由上述，便可用「價值根源」將宇宙論、形上學、心性論三者並列，分別回顧過去儒者的哲學理論，則就哲學理論的「肯定」、「否定」與「重肯定」的發展觀來看，儒學史發展與演變問題，可分五階段來說明：第一階段：「價值根源於心性」的先秦孔孟「心性論」之萌芽時期（肯定）；第二階段：「價值根源於天意」的兩漢董仲舒「純粹宇宙論」之退化時期（否定）；第三階段：「價值根源於天道」的宋明周張「半形上學半宇宙論」之進展時期（重肯定第 1 階段）；第四階段：「價值根源於性理」的宋明程朱「純粹形上學」之進展時期（重肯定第 2 階段）；第五階段：「價值根源於心性」的宋明陸王「心性論」之成熟時期（重肯定第 3 階段）。這便是過去已「存在」的儒家哲學理論發展與演變之過程。無論各個理論模型間有何不同，它們背後所依「價值完成正當秩序」的精神方向皆同，此為同時涉及勞思光「主體性」與「客體性」觀念的「廣義儒家思想原型」之要旨，故以客體性觀念為主的兩漢董仲舒、宋明周張與程朱，皆可由此原型來解釋，而〈導論〉所言無法涉及儒學「整體」的難題，至此有了解答。

然而，必須說明的是，此「廣義儒家思想之原型」無法充分解釋勞思光何以判定第一階段的先秦孔孟儒學是「心性論」模型。就算以他所持「價值根源於客體存有『不成立』」的哲學立場，視該理論的出現為「有降」階段，這理據仍是不足夠的，因我們仍可持「價值根源於客體存有與主體活動皆『成

統。濂溪之說，有時亦受此種宇宙論影響——譬如以『五行』解釋萬物即是其實例。但濂溪學說之中心，在於強調《易傳》與〈中庸〉之形上觀念；其系統是以此種形上學為中心而配之以一宇宙論；故其說終與漢儒哲學思想有異。」須注意者，筆者使用「純粹宇宙論」是為了要與「半形上學半宇宙論」、「純粹形上學」作一名詞上的明確劃分，不可將「純粹宇宙論」與古希臘時期的宇宙論混為一談，因兩者背後所依的精神方向不同。要言之，即前者是處理「價值」問題，後者則是處理「知識」問題，此可從勞思光提及文化精神的三塊基石：「知識、信仰、價值」來理解。

〔註22〕勞思光著，《新編中國哲學史》（三上），頁 207 云：「所謂『理與事之分合問題』，即通常所謂『形上』與『形下』之分割問題，蓋就人類哲學思想發展之歷史看，早期思想例不能分別經驗事物之理與超經驗限定之理；因此所謂『理』與『事』常混淆不分。而『形上學』之思辯，始於能意識到離『事』自存之『理』；故『理』與『事』分，即『實有』（Reality）與『表象』（Appearance）之分，在哲學史上乃一思想演進之大關鍵。」

立」的哲學立場，說儒學史發展與演變階段中各個哲學理論間根本無所謂孰高孰低的問題，它們都具有回應各自面對的時代問題之價值，故我們不應對某些哲學理論持反對或排斥的態度。

但要注意的是，無論基於何種理由持「成立」或「不成立」的態度，這些態度都是基於研究者自身的「主觀」，則是顯而易見的。然而，將「存在」與「成立」混為一談的立場，更是不值得討論的，因「存在」涉及事實問題，「成立」則涉及應然問題，故當有人以「宇宙論、形上學向來『存在』於傳統儒學文獻內」作為依據而說它們是「成立」的，這是站不住腳的說法。〔註23〕也就是說，宇宙論、形上學是否「存在」，與我們肯定它們是否「成立」終非一事。

所以，從「價值根源問題的設準」出發，以哲學理論的「發展」觀念為線索，則「廣義儒家思想之原型」就是對過去已「存在」的儒家哲學理論作階段性之建構，只不過該階段包含「有升有降」的意義。其之所以如此，就是因涉及儒學發展始點的判準，即先秦孔孟「心性論中心哲學」。但為何是此判準？此則非涉及「價值根源」的「哲學史發展與演變」問題所能處理，須從涉及「價值完成」的「哲學理論效力判定」問題來處理。但該問題也不能離開「發展」觀念來獨自處理，這是本論文面對的「材料」所致。也就是說，勞思光《中國哲學史》中建構的「儒學史觀」本身就包含上述兩個問題的探討，但這不妨礙我們可將這兩者分開來討論。

若只就「哲學理論效力判定」問題來看，似乎從勞思光對「價值根源」問題的觀點來作判準即可，因他認為在理論建構的程序上，「根源」問題必先於「完成」問題，故有「凡『根源』不明時，談『完成』之過程，即全無意義」的說法，〔註24〕而此「不明」，有「價值根源於客體存有『不成立』」的意涵在內。但反過來說，若有人持「根源明」或「價值根源於主體活動或客體存有皆『成立』」，也就是認為儒學史中出現的所有哲學理論皆是「根源明」時又該如何？故這裡必須離開「價值根源」問題，從「價值完成」問題下手，這是預認「所有儒家哲學理論皆是『根源』已明」來談「完成」之過程，由

〔註23〕參閱本論文第一章，〈導論〉，頁4，註7。

〔註24〕參閱勞思光著，《新編中國哲學史》（二），頁39至40。這裡的「完成過程」是從引導型哲學中的「轉化自我」來談，但這不表示「完成過程」只能就此層面來談，因它另有「轉化世界」的成份。換言之，由價值理論的「根源」至「完成」來看，心性論既可涉及轉化自我，也可涉及轉化世界，後者即「持心性論立場來肯定文化世界」的主要意涵。

此可衍伸出「價值根源理論效力」以外的「價值完成理論效力」，〔註25〕這就不能說是毫無意義的。

第三節　儒家心性論哲學中的價值完成

　　如前所述，若要討論「哲學理論效力判定」問題，不得不涉及與「發展」觀念有關的「材料」。但在引出該材料前，必須提及有關勞思光中國哲學研究前、後期的重要劃分，即他後期決定以另一種標準撰寫《中國哲學史》第三卷，該標準首先出現在他前期《中國哲學史》第一卷裡：

> 孟子學說是否「應該」強調「天」之地位？換言之，孟子之「心性論」是否「應該」歸於一「形上學」？此處所謂「應該」，自是就哲學之理論價值說，因之，以上之問題實即是問：孟子之「心性論」如歸於一「形上學」，是否有較高價值？……此一問題已逸出哲學史範圍，因哲學史工作在於整理展示前人之說，須保持客觀性。某人之學說是否如此如此，乃哲學史工作者面對之問題；至於某人之學說如何方是「最有價值」或「最好」，則是另一事。但此問題確涉及另一嚴重哲學問題，此問題是：價值哲學、道德哲學以及文化哲學等等，是否須依賴某一形上學？換言之，如一切形上學皆不能成立，是否上舉各類哲學理論亦皆不能成立？……本書自不能對此問題提出解答，但仍願提出此問題，以點破許多有關解釋儒學之衝突意見之遙遠根源。〔註26〕

此處涉及兩種標準，一是「某人之學說是否如此如此」的歷史標準；〔註27〕

〔註25〕在勞思光晚期理論中，他在世界哲學的配景下思考「哲學功能」問題，並將「理論效力」觀念擴大，提出「指引效力」觀念，與西方哲學的「解釋效力」觀念並舉，藉此來安頓中國哲學於世界哲學中。參閱勞思光著，《虛境與希望——論當代哲學與文化》，頁20，《思光學術新著之二》，香港：中文大學出版社，2003年。但本章主要涉及材料乃勞思光的《中國哲學史》，故仍延用該著作的「理論效力」觀念，且這不妨礙我們可以從「引導型哲學」衍伸的「指引效力」觀念來重新理解他的《中國哲學史》。

〔註26〕勞思光著，《新編中國哲學史》（一），頁193。

〔註27〕我們對勞思光使用的「歷史標準」，不應只停留在訓詁、考證的層面，它畢竟還涉及了「哲學」，故稱為「哲學史標準」較為恰當。但此標準似乎不如考證、訓詁來得客觀，如前面提及的「我們應從何種『哲學理論』來解讀與判定過去的文獻？」對此，各個哲學研究者皆可以有自己的見解與立場，而使得「主

二則是「某人之學說如何方是『最有價值』或『最好』」的理論標準。前者涉及「是否存在」的問題，後者則涉及「是否成立」的問題。誠然，心性論是否「存在」於孟子學說中是一事（另一位哲學史工作者當然可以認為心性論與形上學皆「存在」於孟子學說中，此則非勞思光所能決定者）；孟子的心性論歸於形上學是否能「成立」則是另一事。故勞思光前期《中國哲學史》主要著重於歷史標準這一面，雖然其中多少涉及理論標準，例如上述他對「價值根源」問題的看法。然而歷史與理論標準各自獨立，毫不相干，故他可就理論標準說「價值根源於客體存有『不成立』」，但不能因此不顧歷史標準，而說「價值根源於客體存有『不存在』」，畢竟過去儒家涉及「客體性」觀念的哲學理論之「存在」是明顯的事實。

　　勞思光後期中國哲學研究，則決定逸出哲學史範圍，要從「理論效力」問題出發，把他自己對傳統儒學的見解與立場表達出來，研究成果即《中國哲學史》第三卷，若從上節儒家哲學理論五階段發展中的「重肯定」三階段來看，該卷中的「一系說」或「一系三階段說」理論，可視為勞思光「一家之言」中最具代表者，因該說與傳統儒學「二系說」、當代新儒學「三系說」旨趣不同，〔註 28〕故引起學界的討論。〔註 29〕然而，我們應如何準確地理解「一系說」？則須先從勞思光所持的「分系原則」談起，他說：

> 就理論一面觀之，則二系對峙之說如能確立，必須有確立此種對峙之條件。此條件即是：雙方之說在基本方向上有不可解決之衝突，雙方理論不能納於一共同標準下以判斷其得失。今觀宋明之新儒學，則並非如此。首先，在方向上，雙方皆欲復興先秦儒學——即所謂孔孟之教，則基本方向本無不同；其次，在判斷標準方面，雙

觀性」的意味較強，這似乎是一件無可奈何的事。

〔註 28〕勞思光著，《思光人物論集》，頁 111 云：「三系說要點在於提高天道觀之地位。此自與我所取之發展觀不同。我立一系觀重在哲學史之判斷。此中涉及『歷史標準』與『理論標準』之配合運用。」《思光學術論著新編》（十二），共 13 卷，香港：中文大學出版社，2001 年。

〔註 29〕參閱鄭宗義撰，〈心性與天道——論勞思光先生對儒學的詮釋〉，收錄於劉國英、張燦輝合編，《無涯理境——勞思光先生的學問與思想》，頁 57 至 85；馮耀明撰，《勞思光與新儒家》，收錄於同上，頁 87 至 99。香港：中文大學出版社，2003 年。胡健財撰，〈勞思光先生『心性論』立場的儒家哲學之詮釋〉，收錄於劉國英、伍至學、林碧玲合編，《萬戶千門任卷舒——勞思光先生八十華誕祝壽論文集》，頁 103 至 126。

方既有共同之目的，則達成此目的之程度高低，即直接提供一判斷標準。而就理論內部言，理論效力之高低，亦非不能比較。則二系之對峙，實無確立之條件。……以「天」、「理」、「心」三觀念中孰為第一序作為判別標準，則「三系說」即可成立。但此種劃分之理論確定性，仍須預認另一理論斷定。此即：如此三種思想或思路，乃不能有共同裁斷之標準者（此點與講「二系說」之情況大致無異）。否則，正如「二系」未必有確定之對峙理由，「三系」亦未必有確定之分立理由。總而言之，「二系」或「三系」之說，皆須排斥「共同判斷標準」，方能確立。反之，若有「共同判斷標準」，則整個問題即將改變面目。至此，乃可轉而論「一系說」。〔註30〕

既然勞思光認為在儒學的內部範圍裡，沒有分成「二系說」或「三系說」的必要，那他為何還要分成周張「半形上學半宇宙論」（天道觀）、程朱「純粹形上學」（本性論），以及陸王「心性論」這三個階段呢？因從第一序觀念（價值根源）來看，「三階段」與「三系」根本沒有什麼不同，二者皆對應「天、理、心」這三種思路。對此，有人就從勞思光持「發展觀」的立場，把「一系說」稱之為「一系三階段說」，故「一系說」與「三系說」的同中有異處，就是以有否涉及「發展」觀念為標準。

　　然而，「三階段」為何是一事？「一系」為何又是另一事？只是換個名稱，並不能解決「一系」的意義究竟是什麼。因這裡的「發展」觀念只有階段劃分之意義，故它只能解釋「三階段」，而不能解釋「一系」。至此，可另從「發展」觀念的另一個意義，即對發展始點的判準來看，則「一系」的意義，就是「先秦孔孟心性論哲學」，接著再將此判準視為「三階段」的「共同標準」，經由價值根源理論效力的判定，而有「重肯定」三階段的劃分。故這裡的「一系」即「孔孟心性論」，「三階段」則為「周張天道觀、程朱本性論、陸王心性論」。

　　然而「心性論哲學」雖可作為所有儒家哲學理論的「共同標準」，但該標準是否能同時視為所有儒家哲學理論的「基本方向」？則無法經由上述來決定。明確地講，勞思光眼中的「基本方向」與「共同標準」雖不可分，但我們不能因「不可分」而將兩者混為一談。從勞思光對「價值根源」問題的觀點來看，可以將「心性論中心哲學」視為「共同標準」或「基本方向」，此標準即「價值根源於主體活動是『成立』而客體存有是『不成立』」的，故孟子

───────────────

〔註30〕勞思光著，《新編中國哲學史》（三上），頁40至44。

「心性論」是否要歸於「形上學」？換言之，「以客體存有解釋價值」是否比「以主體活動解釋價值」更具理論效力？此爲他早期中國哲學研究中提出的逸出哲學史範圍之問題，而晚期在「一系說」中正式析論此問題，而他對該問題的答案仍是否定的。〔註31〕

　　但要強調的是，我們必須了解「孔孟心性論哲學」不過是勞思光所持「共同標準」之一，且這也不是最主要的「共同標準」。這是〈導論〉所言「只掌握一半」的關鍵，大意是說，學界只能掌握勞思光用「心性論」解釋儒學的一面，而不能掌握勞思光用「引導型」解釋儒學的另一面。以「一系說」爲例，就是看到勞思光「一系說」理論時，直接將此「一系」視爲「先秦孔孟心性論哲學」，不再去深思「一系」的其它可能涵意。換言之，把「一系」視爲「心性論」，不能說是錯誤的理解，只能說是不周延的理解。

　　從前章的內容來看，則我們把「一系」的其它可能涵意，視爲「儒家引導型哲學的特殊內容」是否可行？究其實，這樣的理解也是不明確的。嚴格地講，「一系」的另一種意義究竟是「引導型」中的「轉化自我」還是「轉化世界」？換言之，儒學的「精神方向」爲何？對此，勞思光是經由其文化哲學立場思考「文化精神」問題來解答。故「一系」的另一種意義，須從「文化精神問題的設準」來看，則儒學精神方向就是「價值完成正當秩序」。至此，「一系」的意義就有兩種，一是「哲學理論」意義下的「心性論中心哲學」；二則是「文化精神」意義下的「價值完成正當秩序」或「轉化世界」，〔註32〕誠然儒學有涉及「轉化自我」（工夫理論），但眞正的目的是要「轉化世界」。

　　但勞思光「一系說」的「基本方向」或「共同標準」，究竟是著重在「心性論」？還是著重在「轉化世界」？換言之，既然兩者皆可視爲「基本方向」或「共同標準」，那究竟哪一個在勞思光眼中最具代表性？這可從「《中國哲學史》是其文化哲學立場的作品」來看，則我們有理由地認定儒學的「轉化世界」才是「一系」之眞正涵意。因「哲學理論」乃「文化精神」的產物，換言之，「心性論」乃「孔孟重德精神方向」的產物。也就是說，在儒學「價值完成正當秩序」的要求下，「心性論」比「天道觀」、「本性論」更具價值完

〔註31〕參閱勞思光著，《新編中國哲學史》（三上），頁65至70。
〔註32〕將「文化精神」、「自我境界」、「世界觀」這三個問題設準合看，則可知勞思光所持的「分系原則」較偏重於「精神方向」而非「哲學理論」。擴大地講，整部中國哲學在勞思光眼中可以分成「三系」，即「儒」、「釋」、「道」。這也回應了前章所言「精神方向的不同是無法通過理論建構解消的」觀點。

成理論效力。

　　凡「根源」不明時，談「完成」過程即全無意義，但若「根源」明時又該如何？要言之，我們可說過去所有的儒家哲學理論皆對「價值根源」有所回應，其中雖有「心」或「天」等不同的答案，但這些答案都能「成立」。而勞思光《中國哲學史》中「一系說」的進一步工作，就是假定「價值根源於主體性或客體性皆『成立』」（價值根源理論效力相同）為前提，再進一步從「價值完成」問題來檢驗何種哲學理論效力最高。也就是說，由價值「根源」於主體性或客體性至「完成」過程，何種完成過程較不致產生理論困難？對應儒學精神方向，則持何種哲學理論來「轉化世界」最具效力？對此，勞思光認為是「以主體性為中心的心性論」模型。

　　所以，宋明儒學欲復興先秦孔孟儒學，所要「復興」的對象就是孔孟「建立正當秩序」之精神方向，其中也包括該方向產生的「心性論中心哲學」。兩者皆為「一系」的內涵，從「發展」觀念來說，前者為「文化精神」發展觀，涉及「價值完成」的儒佛之辨；後者則為「哲學理論」發展觀，涉及「價值根源」的主客之辨。所謂宋明新儒學的運動，就是「否定」佛教精神方向，「重肯定」儒學精神方向的過程；以及「否定」兩漢董仲舒宇宙論中心哲學，「重肯定」先秦孔孟心性論中心哲學的過程。但從勞思光文化哲學立場來看，儒學的「價值完成」比「價值根源」更具優位性，故「儒佛之辨」就是宋明儒者共同面對的問題，至於「主客之辨」，則是附屬在該問題之下。換言之，回應該問題的過程，就是先確立「肯定世界」的精神方向，然後在建構理論時擺脫「宇宙論中心哲學」，〔註33〕逐步走向「心性論中心哲學」，與前面的「中國文藝復興」運動合看，則宋明儒學主要目的，就是「重振中國重德文化精神」，確立「價值完成正當秩序」的精神方向，與該方向產生的「心性論中心哲學」。反過來說，宋明儒學之所以必須走向「心性論中心哲學」，就是基於「肯定世界」方向的要求。故勞思光「一系說」的重點，就是從「價值完成

〔註33〕宋明周張「半形上學半宇宙論」（天道觀），主要是擺脫兩漢董仲舒「宇宙論中心哲學」中的人格天觀念以及神秘主義思想，代之以「形上天」觀念，但他們又有解釋經驗世界的根源及變化規律的旨趣，故「陰陽五行」觀念尚未擺脫；宋明程朱「純粹形上學」（本性論）則是完全擺脫「宇宙論」成份，故對前者而言是一進展或「有升」。參閱勞思光著，《中國文化要義新編》，頁 22，《思光學術論著新編》（一），共 13 卷，香港：中文大學出版社，2002 年 1 版 3 刷。或參閱勞思光著，《新編中國哲學史》（三上），頁49。

理論效力高低的判定」問題出發，證明他早期「價值根源於心是『成立』的，根源於天是『不成立』的」之哲學見解與立場。

至此，須涉及有關「肯定世界」的問題，他說：

> 所謂「肯定世界」，其確切意義即是建立一種斷定，認爲吾人當前面對之「世界」，乃可以成爲「合理」者；換言之，即斷定：「理」有在此世界中「實現」之可能。故所謂「肯定世界」，即是斷定或肯認當前世界中「理之實現之可能」。……「肯定世界」之態度，衍生文化生活之肯定；蓋既肯定「世界可以成爲合理」，又肯定要求合理之努力乃應有者，則即必在某一意義上要求一定之建立秩序工作，此即所謂「化成世界」之態度，亦即要求建立某種「文化生活」。〔註34〕

他旨在說明「價值完成正當秩序」就是儒家「引導型哲學」中「轉化世界」的精神方向，而「理之實現」即「價值完成」，故文化生活有在當前世界中「完成」的可能，之所以說可能而非必能，是因文化活動本身是一不息的努力過程，故只能說應有，而不能說必有。宋明儒學就是在此精神方向的要求下來建立理論，該理論能否合乎此精神方向的要求，則涉及「價值完成」理論效力高低的判定。

但就「世界觀問題的設準」來看，肯定或否定世界表達的只是對世界之態度，尚未涉及世界的意義，故進一步問：肯定的世界所取之意義爲何？勞思光說：

> 有兩種可能。其一是肯定存有意義之世界——此即落在對「自然世界」作價值肯定上；其二是肯定創生意義之世界——此即落在對「文化世界」作價值肯定上。此一分割乃學者了解儒學派別之大線索之一。亦是本書依理論標準觀察宋明儒學全貌時，立說之基本關鍵。若就純哲學問題一層說，此處所涉者亦是一極重要之哲學問題。〔註35〕

他明確表示要以儒學「肯定世界」的精神方向，作爲宋明儒學的「共同標準」或「基本方向」，與「心性論哲學」是主賓關係，故將「一系」視爲「孔孟心性論」是不準確的，因孔孟建立心性論背後所持的精神方向爲何，這才是勞思光所密切注意的問題，否則的話，不從精神方向問題來談，導致「儒佛之辨」不明時，宋明儒要回歸的「心性論」，究竟是孔孟的還是佛學的心性論？

〔註34〕勞思光著，《新編中國哲學史》（三上），頁76至77。
〔註35〕同上，頁51。

這是只把「一系」視爲「心性論」時可能面對的古怪問題，故「儒佛之辨」的重要性不言而喻。嚴格地講，若要抗拒與排斥佛學「否定世界」的態度，只是確立自家的精神方向爲「肯定世界」是不夠的，必須由此態度來建立理論與之對抗，此爲「文化精神」與「哲學理論」的上下層級關係。

然而，持肯定世界的態度是一事，肯定世界的意義爲何又是另一事，故儒學肯定世界的意義有兩大類，一爲客體存有義的「自然世界」，二則爲主體創生義的「文化世界」。但配合「世界觀問題的設準」，也就是將對世界的態度與意義合看，上述兩大類的嚴格意義爲：「肯定自然世界」〔註36〕與「化成自然世界，肯定文化世界」。而勞思光主要著重在「化成世界」或「理之實現」或「價值完成正當秩序」的意義，故由此意義來建立哲學理論，只能是「心性論」。因從應然實現於實然的文化活動，也就是價值實現（轉化）於自然世界中的「化成世界」活動來看，「實然」（世界）與「應然」（價值）兩者如何同時安頓？從「人的雙重性」論證來看，這只能是「以主體性爲中心的心性論哲學」。〔註37〕

總之，儒家心性論哲學的特殊內容，必須扣緊「發展」觀念，從「價值根源」與「價值完成」來探索。前者是就「哲學理論」發展而言，是從過去已存在的儒家哲學理論作一階段之描述，即「價值根源於主體性」與「價值根源於客體性」的發展過程，而心性論在形式義方面即爲「價值根源於主體性」；後者則是就「文化精神」發展而言，是以儒學「建立正當秩序」的「化成世界」方向爲標準，檢視過去已存在的哲學理論中，何者較能契合儒學精神方向，這涉及由「根源」至「完成」過程的問題，而勞思光認爲「價值完成正當秩序」只能扣緊「主體活動」而非「客體存有」，故「價值根源於主體性」的心性論，較能達到「化成世界」的要求。經由上述，通過「價值根源」與「價值完成」問題的反省，心性論比宇宙論、形上學更能達到儒學「價值完成正當秩序」的要求，也就是前者的理論效力高於後者，故「狹義儒家思想原型」，即儒家「心性

〔註36〕若儒學以「肯定自然世界」爲方向來建立哲學理論，該理論以純粹宇宙論、半形上學半宇宙論這兩個模型爲代表（合稱「存有論」），則在理論效力方面不及道家哲學，這是因儒學除了「轉化自我」之外，尚有「轉化世界」的建立正當秩序之要求，此是道家所不必涉及者。參閱勞思光著，《新編中國哲學史》（三上），頁 78 至 79。

〔註37〕同上，頁 86。有關正反面活動，另可參閱勞思光著，《新編中國哲學史》（三下），頁 670 至 672。

論」與「引導型」的合一，更能符合儒學精神方向的要求。

　　最後要澄清的是，由於本論文旨在提供「如何理解勞思光儒學觀」的具體建議，故以本章為例，研究目的只是設法找出並論述他否定宇宙論、形上學「背後所持的立場」為何，而不是介紹他批判宇宙論、形上學的「內容」為何，畢竟這些「內容」已有現成的「材料」，故勞思光對天道觀、本性論的批判內容，本論文不涉及，只提供「如何理解這些批判內容背後所持的立場」而已。誠然，「理解」活動只是預備性的工作，但卻是非常重要的，因目前學界普遍只知道勞思光肯定「心性論」，卻不知道勞思光為何肯定「心性論」，而對他「為何肯定」的理解程度，就是本論文指出「只掌握一半」的意涵。

第六章　儒家思想之原型的證成

　　本文至此，已將勞思光主體性觀念下的儒家「引導型」與「心性論」作一探究。探究方法是以其主體性觀念衍伸的「理論設準」分而言之，接著再將之運用於「勞思光儒學觀」的討論。討論過程分兩個步驟，一是以「自我境界」、「世界觀」這兩個問題設準為思路，並以勞思光對「儒釋道三家精神特性比較」問題的觀點為材料，探究「儒家引導型哲學的特殊內容」；二是以儒家引導型哲學的特殊內容為基礎、「發展」觀念為線索、「價值根源問題的設準」，另加上「勞思光主體性與客體性觀念」為思路，以勞思光對「儒家哲學史發展與演變」與「儒學哲學理論效力判定」問題的觀點為材料，探究「儒家心性論哲學的特殊內容」。最後，把儒家「引導型」與「心性論」的特殊內容合而為一，即「勞思光主體性觀念下的儒家思想之原型」，也就是本論文的研究成果和用心。

　　然而，在證成此研究成果前，首須探究的是勞思光對儒家「引導型」與「心性論」哲學特殊內容的省思，此探究之所以必要，是因任何學說皆有其長短或優缺。若不涉及某一學說的短處或缺點，一昧地強調其長處或優點，甚而將之擴大使用於非該學說所能涉及的問題，結果將使其特性或功能無法彰顯。換言之，當我們掌握儒學的特性與功能後，進一步要思考它的特性與功能之侷限為何，也就是儒學能做的是什麼？不能做的又是什麼？此為「省思」的意涵。明確地講，勞思光從世界哲學的配景來觀察傳統儒學，確立其特性為「心性論」與功能為「引導型」後，其內部有何缺陷？探究的方法，須使用本論文最後一個理論設準：「道德心境域問題的設準」。

　　勞思光省思儒家「引導型」與「心性論」哲學的特殊內容之焦點為何？

則須扣緊其一生致力的基源問題來看——「如何建立世界文化體系？」。〔註1〕
與前兩章從哲學領域來探究儒家思想的特性與功能之特殊內容不同，本章是
從勞思光對該特性與功能的特殊內容有何缺陷之省思著手。筆者認為唯有採
用正反兩面（長短或優缺）的論述方式，才能較完整的理解勞思光文化哲學
立場下的儒學觀，也就是明確地從「思路」而非「材料」來證成其主體性觀
念下的「儒家思想之原型」。

　　本章的論述步驟，首先是儒家「引導型」哲學的「轉化世界」，以「客觀化」
問題省思之；接著是儒家「引導型」哲學的「轉化自我」，與「心性論」哲學的
「透顯主體性」，則以「傳達性」問題省思之。「客觀化」與「傳達性」這兩個
問題，皆可附屬於「如何建立世界文化體系」的基源問題之下。最後是嘗試將
儒家「心性論」與「引導型」哲學合而為一，作為本論文的研究成果。

第一節　勞思光對儒家引導型哲學的省思

　　儒家引導型哲學是思考「哲學功能」問題而得者，其功能可涉及「價值
完成」，故在引導型哲學的普遍內容中，有「轉化自我」與「轉化世界」兩者，
而儒學是同時涉及兩者的學說。但就傳統儒學而言，「價值完成自我超昇」與
「價值完成正當秩序」的關係為何？此須從孟子對孔子遺留的「政權轉移」
問題之處理來看，勞思光說：

> 孟子以民心所向決定政權所歸，又以「仁政」為得民之要：故「仁」
> 觀念在孟子學說中遂得一擴張，由純道德意義之觀念化為涉及實際
> 之觀念。此即所謂「仁之效用化」。……孔子論政，以「正名」為主，
> 言「仁」時則常就自覺之境界立論。故孔子之「仁」只有純德性意
> 義。今孟子以為「仁者」必為天下所歸，遂使「仁」有效用意義。……
> 仁觀念之被效用化，只為立政治理論時之說，亦並非與心性論中之
> 說衝突或對立者。蓋言人之本性含仁義諸德，是一事；再言此諸德

〔註1〕　勞思光的《中國哲學史》與其文化哲學研究間的關連乃「文化精神」觀念，
故從方法來看，他是透過「黑格爾模型」來展示中國哲學理論的源流與發展。
由此來對應「如何建立世界文化體系」的基源問題，只能從勞思光早期文化
哲學立場來看他對「儒家思想之原型」的省思內容。至於「方法轉變」的中、
晚期之省思內容，本論文不涉及。簡言之，因勞思光眼中的「哲學」與「文
化」不可分，故「客觀化」問題涉及「如何建立世界文化體系」；「傳達性」
問題則涉及「如何建立世界哲學體系」。

發揮作用時可有一定效果，又是一事。……孟子既將「仁」觀念效用化，遂堅持仁為政治之原則，由此而生出德治之理論。「德治」與「法治」，「人治」互別。言德治者，以為治亂之道，繫乎執政者之德性。此說之根源即在於「仁政」理論。蓋依孟子之說，「仁政」為獲得政權及保有政權之條件；天下治亂，悉以仁政有無為斷。而仁政之施行，必有賴於掌政權者本身能立仁心。所謂「先王有不忍人之心，斯有不忍人之政」，仁心能否建立，則即是德性問題。必須執政者有如此之德性，然後能由其仁心而施仁政，既有仁政，然後天下方得治。於是，孟子之政治理想遂以「有德者執政」為中心。此即後世所謂「聖君賢相」之政治理想。亦即所謂「德治」。蓋源於孔子而成於孟子之理論也。〔註2〕

所謂「有德者」非指實然或必然義的有德者，而是指經由應然義的轉化工夫（能立仁心）後的有德者。但「有德者」在孔子這裡為「聖賢」，具道德領域的意涵；在孟子那裡則為「聖君賢相」，同具道德領域與政治領域的意涵。如〈導論〉所言，勞思光使用的「心性論」是有關實踐中道德人格的完成，故就理論範圍來講，心性論似乎只能涉及道德領域的「價值完成自我超昇」問題。但儒學是同時涉及道德領域（轉化自我）與政治領域（轉化世界）的學說，故在孟子「心性論」進路的政治學說裡，建立秩序須以自我超昇為基礎，在此意義下，儒學的理想人格與理想政治合而為一。

從勞思光的文化哲學立場來看，「價值完成正當秩序」或「轉化世界」乃中國文化的主流代表──儒學──的精神方向，但確立精神方向後，如何達至此方向的途徑尚未決定，畢竟「如何建立正當秩序」的「問」是一回事，對該問題的「答」為何又是另一回事，〔註3〕雖就歷史而言，儒學的「答」乃成德之學，將道德秩序等同於政治秩序，但就理論而言，這並不是唯一的途徑，則是顯而易見的。

從儒學自覺肯定「道德心」的主張或態度（成德之學）來處理「如何建立正當秩序」的基源問題來看，一是不涉及道德領域的「仁」觀念，而從政

〔註2〕 勞思光著，《新編中國哲學史》（一），頁175，共三卷四冊，臺北市：三民書局股份有限公司，2007年1月重印3版4刷。有關孔子遺留的問題，參閱頁150至151。

〔註3〕 有關「問」與「答」，參閱本論文第二章，〈勞思光的主體性觀念之釐清〉，頁29至30，註17。

治領域的「正名」觀念來處理建立秩序問題，此為孔子的途徑；二則是將道德領域的「仁」觀念運用至政治領域內，而作為該領域的重要原則來處理建立秩序的問題，此為孟子的途徑，該途徑的「仁」或「道德心」觀念的使用，則從道德領域擴充至政治領域。之所以說擴充，是因在此意義下的政治領域，無法離開道德領域而有獨立性，故就引導型哲學而言，此途徑為「由轉化自我至轉化世界」的實踐過程，也就是儒學「化成世界」精神方向必須以「成聖成賢」為基礎，這是儒學「價值完成正當秩序」的實際操作過程。由此過程來看，勞思光以此解讀與判定孔孟以後的儒學經典：〈大學〉中有關「德性展開」過程的要旨，在這之中提到「客觀化」問題：

> 〈大學〉論德性之展開時，提出「齊家」、「治國」、「平天下」三階段，自仍是由近及遠之意。但此處有須辨明者，即〈大學〉中所論及之德性之展開，並非真對「客觀化」問題有明晰觀念；反之，當〈大學〉言「修身」為「齊」、「治」、「平」之本時，只是立標準之意。換言之，其論德性與家、國及天下關係時，只將個人對家、國及天下之影響視為道德生活之延長，並未形成一「政治秩序」之獨立觀念。……獨立意義之「政治秩序觀念」，以及一切政治生活本身之問題，則悉不能涉及。蓋〈大學〉中並無真政治理論，但有一將政治生活視為道德生活之附屬品之理論假定而已。……吾人可斷言，全部〈大學〉中所涉及之政治思想，皆不外視政治秩序為個人道德之延長。自另一面言之，所謂治國平天下之問題，則僅看作德性之展開過程而已。由於〈大學〉論政治生活及政治秩序時只視為德性之直接展開，故〈大學〉確未能肯定政治生活之獨立境域；因之，政治生活與個人生活，共同事務與個人事務間之區劃，以及由此必須涉及之「權力問題」，亦皆未在〈大學〉中出現。日後儒者論政治秩序，只知說「理想人格」（即「聖君賢相」之類），而不知注目於「理想制度」，亦即承受此種思想方向也。〔註4〕

此為勞思光對傳統儒學政治思想的全面判斷。就儒家「化成世界」的價值完

〔註4〕 勞思光著，《新編中國哲學史》（二），頁54至56。共三卷四冊，臺北市：三民書局股份有限公司，2007年1月重印3版4刷。另參閱勞思光著，《大學中庸譯註》，頁37至38，《思光學術論著新編》（八），共13卷，香港：中文大學出版社，2001年1版2刷。

成正當秩序的精神方向而言，該方向理應注目於「政治生活」問題，至於如何處理該問題？勞思光認爲儒學是把該問題收攝至「道德生活」問題這一層面來處理。進而言之，當「個人的道德生活」達至完滿時，「眾人的政治生活」即可達至完滿；當自我超昇後，正當秩序即能建立，故「政治秩序爲個人道德的延長」、或「共同事務爲個人事務的延長」、或「理想制度爲理想人格的延長」，此爲儒家「聖君賢相」的政治理想之要旨。但在勞思光眼中，這並非意謂傳統儒學對政治領域有所重視，因他們只是把該領域視爲「德性」的展開而已，此展開即「延長」，或前面提及的「擴充」，其涵意就是「政治領域」的獨立性被「道德領域」掩蓋了。要言之，勞思光認爲政治層與道德層於理論上必須各自獨立，而傳統儒學是把後一層視爲前一層的必要基礎，如此一來，就會造成對「客觀化」問題的忽視，〔註5〕或對政治領域獨立性的忽視，就「道德心境域問題的設準」而言，便是對「眾多主體並立境域」的忽視，也就是屬於該領域內的問題，皆視爲「單一主體統攝境域」的問題。

在闡述這兩個境域的不同前，須先解釋何謂「客觀化」問題，勞思光將該問題與「政治秩序」觀念合看，故與儒學「化成世界」的精神方向不可分，而秩序既是由人建立出來的，故只能取「主體活動義」來解釋「客觀化」，亦即「主體性的客觀化」。也就是說，必須先預認「主體性」觀念，才能談「客觀化」或建立秩序的問題。此「主體性」的內容就是「道德理性」，該理性的發用即「道德活動」，此活動必須以「經驗世界」（客觀世界）作爲其運行的「場域」，否則「如何轉化世界」便無意義，導致儒學「價值完成正當秩序」無從談起。

所謂「主體性的客觀化」活動，可與前章提及的「主體創生文化世界」合看，而對該世界可能的具體內容之描述，勞思光是從「政治秩序」觀念著手，而以「個人（道德）事務」與「共同（政治）事務」的劃分開始，認爲當人們思考到「政治事務如何能合理」的問題時，即可逐步透顯「客觀化」問題，故他區分出「非客觀化」與「客觀化」的不同，彰顯「將政治事務等同個人事務」與「政治事務本身」的不同。〔註6〕換言之，當「道德理性」發用於「經驗世

〔註5〕 「客觀化」是勞思光借用德國哲學家黑格爾的文化哲學理論來思考傳統儒學「化成世界」的精神方向時所必須面對的問題。參閱勞思光著，《危機世界與新希望世紀——再論當代哲學與文化》，頁92至94，《思光學術新著之三》，香港：中文大學出版社，2007年。

〔註6〕 參閱勞思光著，《新編中國哲學史》（三下），頁486至487。

界」來處理「建立秩序」的問題時，可能有兩種途徑，勞思光說：

> 以司法事務爲例，人可只依賴特定之司法者而求其「合理」，又可依
> 賴司法制度而求其「合理」。此種制度本身乃人之自覺創造之成果；
> 而從事此種創造時，由於其自覺方向仍以道德理性所要求之「合理」
> 爲定向，故仍可稱爲廣義的道德活動。然此種道德活動與個人道德
> 意志之淨化等內在工夫不同，而是落在客觀世界上去創造某種秩
> 序，以使客觀世界中事象之運行納入此秩序中。如此，通過此一創
> 造活動，客觀世界本身即有一改變，此改變即是受道德理性之鑄造
> 而由自然存在漸化爲文化性之存在（此中用一「漸」字以表此種轉
> 化並非可完全圓滿者）。道德理性轉化客觀世界，故即稱爲「道德理
> 性之客觀化」，蓋「客觀化」者，謂「道德理性」使自身成爲客觀世
> 界之一部份而已。當客觀世界受道德理性之轉化而增多其存在內
> 容，成爲文化世界時，其所增者即道德理性客觀化自身之成果
> 也。……純就「活動」解釋「客觀化」時，則可說，求一一事務之
> 「合理」，乃道德理性之「直接活動」；而創造制度或秩序，以使事
> 務能通過此種形式性之鑄造而成爲「合理」則是道德理性之「間接
> 活動」，「間接活動」即「客觀化」之活動也。〔註7〕

他旨在說明求政治事務「合理」的過程中，對「合理」的保證主要有兩個途
徑，一是處理者，二則是制度。前者爲「非客觀化」的「將政治事務等同個
人事務」；後者則爲「客觀化」的「政治事務本身」。之所以說廣義道德活動，
是因該活動同時涉及「轉化自我」與「轉化世界」，不過勞思光卻強調兩者必
須分開，因一是主體道德意志內在純化的工夫活動；二則是主體道德意志外
在創造秩序的文化活動，該活動就「世界觀問題的設準」而言，可通至儒學
「化成自然世界，肯定文化世界」的精神方向，對此肯定的要求，應涉及對
「主體自由之客觀化」的要求。由此可知，勞思光對「客觀化」問題的析論，
皆離不開「主體性」觀念的預設，該預設的背後，就是其肯定「價值根源於
主體性」的哲學見解與立場。值得注意的是，他把儒學的「自我超昇」與「建
立秩序」分開來談，並將之視爲「道德理性」發用於平行並列關係的兩種活
動，故儒學「轉化自我」與「客觀化」問題無關，因「客觀化」只能從「轉
化世界」來說明，實踐操作過程中是否須預認「轉化自我」，則是另一問題。

〔註7〕 同上，頁488。

但這不妨礙兩者在理論上可由「道德心境域問題的設準」分開，即道德層與政治層兩不相干。〔註8〕換言之，「價值完成」必須預認「價值根源於主體性」（道德理性），但預認後的「由根源至完成的過程」，則可以有「直接」（個人道德事務）與「間接」（共同政治事務）這兩種。如上所述，傳統儒學是將此兩種活動視為一種活動，即「建立秩序是自我超昇的延長」，但勞思光認為兩者在理論上必須分開。至於分開的理據為何？即「道德心境域問題的設準」中「單一主體之統攝境域」與「眾多主體之並立境域」，他說：

> 就「主體」與「對象」說，「主體」能循理以處理此「對象」，即無「惡」可言；但就「主體」與「主體」間講，若將某些「主體」只當作「對象」看，則此處即已違理。而此處之「違理」問題，在「單一主體」統攝「對象」時並不能出現，只在「眾多主體」成為「並立」時方出現。於此乃可透出兩「境域」之不同。此兩境域即可稱為「單一主體之統攝境域」與「眾多主體之並立境域」。政治事務本指公共事務而言，故必涉及眾多個人；而言德性或理性時，既須肯定人之有道德理性一層之「主體性」，則此眾多個人即不能不皆視為「主體」。於是使主體盡其性之要求亦必出現。而欲滿足此一道德理性之要求，即必須各個主體超越其「個別主體性」而昇入一「共同主體性」；此即所謂「主體性之客觀化」也。倘再求淺明，則可如此說：每一人有自由意志，又有求「如理」的能力，故每一人皆有「主體性」。當眾多個人同時以「主體」身分出現時，每一個別之人當自覺到其他人之「主體性」若被「我」之「主體性」吞沒，則是一違理之事（此「違理」與其他活動中之「不如理」實無不同），因此，若每個「主體」皆以「實現理」為其活動方向，則當面對其他並立之主體時，即須要求其他主體亦不失其「主體性」；此種要求即引生某種共同活動形式之創造；而此種創造活動即是「主體性之客觀化活動」，而創造之成果，即是「客觀化」之「形式」也。由此可知，道德理性在主體面對一組對象時，即只在主體處理對象之活動上要求循理；此成為一境域。而當主體面對其他主體時，則在眾多主體互保其主體性上要求循理；此成為另一境域。後者即表所謂「客觀化」。再回到政治事務上。則可知個別政治事務獲得某種處理是一

〔註8〕　參閱勞思光著，《新編中國哲學史》（三下），頁606。

事，而此種政治事務通過何種形式而獲得處理則是另一事。倘此形
式能與互保「主體性」之要求相符，則表道德理性在此種境域中之
實現；故此形式即道德理性客觀化之成果；否則縱使此形式下所作
之具體處理爲「合理」或「如理」，就互保「主體性」之要求說，道
德理性仍有所欠缺，蓋未能在「眾多主體之並立境域」中實現其「理」
也。〔註9〕

就「自我境界問題的設準」而言，能循理之主體即求「善」之德性我，該自我
運行於經驗世界時，有兩種可能，一是自我與世界的關係，也就是「主體」與
「對象」；二則是自我與世界內的其他自我之關係，也就是「主體」與「主體」。
這兩種關係由「道德心境域問題的設準」來看，則分別對應兩種境域，即「單
一『主體』統攝『對象』的境域」與「眾多『主體』並立的境域」。在這兩種境
域內，皆可有循理或求「善」的活動，但在勞思光眼中，這兩種活動本應各自
獨立，獨立的依據即「個人（道德）事務」與「共同（政治）事務」的分割。
也就是說，要不要成就理想人格終究是自己的事，無關乎他人是否也要成就理
想人格，故爲個人事務；至於要不要成就理想制度必須是眾多個人的事，彼此
共同創造一種規範義的形式或制度，故爲共同事務。但傳統儒學「聖君賢相」
的政治思想，是把理想制度視爲理想人格的延長，或把建立秩序視爲成聖成賢
的延長，故忽視了「眾多主體並立境域」。然而，這並不是說中國文化史上從未
有建立制度或秩序的活動，而是說該活動忽視「眾多主體並立境域」而已，故
創造出來的制度，也就是「非客觀化的制度」，其與「客觀化的制度」最大不同，
便是前者只能觸及「如何防止權力濫用」的運行問題；而後者則是在該問題的
基礎上，進一步觸及「權力如何產生與轉移」的基礎問題。對此，勞思光以第
一義與第二義的制衡制度來描述中國傳統政治制度的特性。要言之，該政治制
度只是第二義的「設計如何防止已產生權力的濫用」制度，至於第一義的「設
計如何產生與轉移權力的軌道」制度，則從未建立起。〔註10〕之所以未能建立，
即因忽視「客觀化」問題，他說：

孔子承周文而建立儒學，可說自始即是以「化成世界」或建立「文
化秩序」爲旨趣。就此而言，似乎在原則上儒學應對「客觀化」有

〔註9〕 勞思光著，《新編中國哲學史》（三下），頁490至491。
〔註10〕 參閱勞思光著，《中國文化要義新編》，頁123至128，《思光學術論著新編》
（一），共13卷，香港：中文大學出版社，2002年1版3刷。

所肯定，蓋「客觀化」之主要意義正在某種客觀性之秩序之建立也。然在原則上，儒學之「化成精神」應涉及「客觀化問題」是一事；實際上儒學一派之哲學家及思想家能否察覺此問題，又是另一事。此在理論上分別甚明。若再觀歷史之實際情況，則吾人所發現者是：「客觀化問題」在長久之儒學思想史中，實是一「遺落之問題」。……就儒學之基本意向而言，自孔子起即以肯定世界爲精神方向，故應有「要求客觀化」之趨勢；但孔子本人未及就此一境域立說，孟子及陽明雖在透顯主體性一面能確立道德心或道德理性，然對「客觀化」問題皆未能正式提出。故成德之學雖成爲中國傳統哲學思想之主流，肯定世界雖爲儒者所堅持之精神方向，畢竟道德理性只在自我轉化昇進處顯其功能，而未能在歷史文化之客觀推進上確顯其大用。此即所謂「客觀化」問題之「遺落」也。〔註11〕

此爲勞思光對儒家引導型哲學中「轉化世界」的省思。該省思是基於其文化哲學立場，畢竟傳統儒學從未出現「客觀化」問題。也就是說，孔子確立「價值完成正當秩序」的精神方向，之後孟子建立心性論，確立「價值根源於主體性」來解決如何證立或透顯主體性問題時，另將孔子留下的政治事務問題視爲道德事務問題的一種，將本該從「眾多主體並立境域」來處理的問題，皆由「單一主體統攝境域」來處理，這就導致忽視「主體性的客觀化」問題，這將影響整個傳統儒學看待「政治生活」的態度。嚴格地講，無論轉化世界或轉化自我，兩者皆須預認「價值根源於主體性」，但「轉化世界」是否必須預認「轉化自我」則是另一問題，換言之，「價值完成」必須以「價值根源」爲基礎是一事，某一「價值完成」是否必須以另一「價值完成」爲基礎又是另一事。而後者在理論上應無必然可言，故勞思光將兩種價值完成活動明確分開，並作爲「文化世界」中的兩個平行並列關係之價值完成活動。若沒有將這兩種活動分開，他也就不會說出傳統儒學忽視「客觀化」問題的觀點了。

　　然而，要在理論上將兩種價值完成活動分開是一事，傳統儒學在歷史上並未將兩種價值完成活動分開又是另一事。也就是說，勞思光透過「單一主體統攝」與「眾多主體並立」境域將「個人道德生活」與「眾人政治生活」分開時，並不意味哪一個最有價值，因雙方皆是文化活動中不可或缺者。〔註

〔註11〕勞思光著，《新編中國哲學史》（三下），頁491至494。
〔註12〕勞思光以「成德之學」（成就德性）與「成功之學」（成就事功）來指涉這兩

12）但儒學將「政治生活」視爲「道德生活」的一部份也是事實，他對此事實作進一步判斷說傳統儒學遺落「客觀化」問題，則是基於對其「化成世界」精神方向的省思。

第二節　勞思光對儒家心性論哲學的省思

儒家心性論哲學是經由「哲學定義」問題而得者，其特性可涉及「價值根源」，但也雜有「哲學功能」問題中「轉化自我」的「工夫論」成份，〔註13〕故本節這裡是先就心性論的「完成義」開始談起，再轉入「根源義」。

前已提及，在儒家「轉化世界」這一面，因忽視「主體性之客觀化」而導致無法嚴格處理建立正當秩序的問題，那在另一面的「轉化自我」又是如何？則須從儒家「成德之學」談起。簡言之，「成德」即成就自我德性，涉及引導型哲學中「轉化自我」或「價值完成自我超昇」問題，對該問題建構的哲學理論，即「工夫論」，這也是傳統儒學理論中成就最高者，但成就最高不代表沒有缺陷，此須從成德之學的「學」之意涵來講，勞思光說：

孔子論「學」，既落在意志之純化昇進，或價值自覺之拓展上，故孔

種價值完成的活動，就傳統儒學而言，其理論成就最高的無疑是「成德之學」（轉化自我），但「成功之學」（轉化世界）卻無任何進展可言，這是儒學理論內部的限制，根源處即「是非」（義）與「成敗」（利）之辨，當只計是非不計成敗的人生態度出現時，就可能導致對「客觀化」問題的忽視。參閱同上，頁 620 至 622。另參閱勞思光著，《新編中國哲學史》（三上），頁 329 至 331，共三卷四冊，2007 年 1 月重印 3 版 4 刷。

〔註13〕勞思光著，《新編中國哲學史》（一），頁 156 云：「心性論又可分數點言之：（一）……價值根源與道德主體之顯現。（二）……道德價值之基本論證。（三）……道德實踐問題。」共三卷四冊，臺北市：三民書局股份有限公司，2008 年 10 月重印 3 版 5 刷。勞思光著，《新編中國哲學史》（二），頁 37 至 39 云：「儒學心性論之基源問題，原爲：『德性如何可能？』故必須深究所謂『善』之本義──亦即『德性價值』之本義。……儒學中孟子『性善』之論，本就『根源』義講。故孟子立『四端』之說，精義在於展示『價值基於自覺』，孟子言四端，固非謂德性之完成不待努力；僅謂德性之根源不在『客體』而在自覺之『主體』而已。就『完成義』言之，則孟子亦有『擴而充之』之說，其旨固甚明也。」共三卷四冊，臺北市：三民書局股份有限公司，2007 年 1 月重印 3 版 4 刷。勞思光著，《新編中國哲學史》（二），頁 40 亦云：「儒學之『心性論』言德性價值時，必須先自『德性如何可能』著眼，方能見『根源』所在；『根源』既明，然後方能論『完成過程』。此所以孟子必立『四端』『性善』諸義，然後才能論及成德工夫也。」

　　子不僅不以具體知識為重，而且對知識活動之規律，亦不注意。因此，孔子立教之態度，亦與傳授知識者或尋求知識規律者不同。人如欲傳授一定知識，則教人時必須極力證明此知識之真實性；因此必須以客觀存有為重。人如欲揭示思考規律，則教人時必須極力求解析之嚴格精透，以使思考規律能顯豁呈現，因此必以「必然性」為重。孔子現取「進德」為學之本義，故其教人，不以建立某一客觀論證為重，而以能直接助受教者改變其意志狀態，而能進德為主。……蓋人之為學，目的只在於提高價值自覺，培養意志，則理論學說皆只是附屬條件。人倘能進德，亦不必需要一定理論或學說。至於論證之嚴格性等，則更屬題外。於是，孔子既不重思辯，亦未肯定理論知識之客觀意義。此點日後亦成為儒學傳統中一大問題。
〔註14〕

他旨在說明知識層的「認知」問題與價值層的「意志」問題大異其趣。就「哲學功能」而言，前者是「認知型」哲學，目的為建立一種「強迫性的知識」，後者則是「引導型」哲學，目的則為建立一種「人生態度或主張」。就嚴格意義來說，有無「強迫性」是兩種哲學功能的區分標準。〔註15〕換言之，就引導型哲學來說，無論持何種態度或主張來立說，此中皆無「強迫性」可言，因它不涉及知識上的「真偽」問題，故僅具規範性，只能用來指引他人意志的昇進或純化，而無法強迫其接受與否，這是「轉化自我」的「工夫論」之特色。既然意志的昇進與否只能是自己的事，而無關乎他人，故在語言的使用上，似乎不必要求嚴格論證的思辯活動。

　　但就認知型哲學乃認知活動須以客體存有來揭示知識的真實性而言，對此我們可以說引導型哲學乃意志活動須以主體活動來揭示價值的規範性，與前者來作哲學功能上的區分。但從思考規律活動求解析理論過程的嚴格性，這並非只屬於認知型哲學，它是作為認知型與引導型哲學兩者必須共同遵守的原則。也就是說，「意志」問題雖與「認知」問題無關，但我們不能說處理「意志」問題的過程中，可以不去要求理論解析的嚴格性，因「嚴格性」並非只屬於「認知」問題者。換言之，就儒學的「轉化自我」而言，「工夫理論」雖與「知識」問題無關，但既然要說它是個「理論」，則建立該理論時，嚴格

〔註14〕勞思光著，《新編中國哲學史》（一），頁147至148。
〔註15〕參閱本論文第四章，〈儒家引導型哲學的特殊內容〉，頁66至67，註17。

論證的思辯活動乃是不得不有者。故勞思光認為傳統儒家的成德之學，對「論證之嚴格性」的要求不高，即不重視思辯活動。與上述「轉化世界」忽視「客觀化」問題對照，這裡的「轉化自我」，則是忽視「傳達性」問題，但就「道德心境域問題的設準」來說，兩者的異中有同處，是皆忽視「眾多主體並立境域」，〔註16〕只是內涵不同，即「客觀化」問題是求「善」的道德活動；「傳達性」問題，則是求「真」的認知活動（推理思考的「真」，而非知識檢證的「真」），無論駐於何種活動，此「求」本身皆以主體「向上」的純粹意願為基礎，也就是「文化之大本」。〔註17〕從忽視「眾多主體並立境域」的「客觀化」與「傳達性」問題來看，則先秦孔孟至宋明陸王後，雖於「成德之學」方面有著極高的成就，但成就的另一面乃是對認知活動的忽視，結果出現負面的影響，即「道德心」對「認知心」的壓縮問題，〔註18〕該問題就根源處

〔註16〕 勞思光著，《哲學與政治》，頁 160 至 161 云：「學術思想之探索，其目的乃在求一認識系統之成立，淺言之，在求正確知識；而此種活動本身亦有其形式條件，即『可傳達性』（意指理論架構之功用，可用 "communicability" 一字表之）；學術思想必須滿足此形式條件，須可嚴格傳達，然後乃成為一知識，至於正確與否當是第二事：正如政治制度之成立必以多數決定（姑用 "majority" 一字表之）為形式條件，制度內容是否為一有效安排亦是第二事。……知識活動──求具體學術思想成果的活動所以須受傳達性一形式條件之限制，其理由正與超個人事務之安排活動須受多數決定一形式條件之限制之理由相同。二者皆在「複多主體並立之境域」中，在此境域內，各單位之平等地位必須承認；故有傳達及多數問題。」《思光少作集》（三），共七卷，臺北市：時報文化出版企業有限公司，中華民國 75 年 10 月 31 日初版。若我們欲把引導型哲學也視為「學術思想」的一種，則包括其內的哲學部門──心性論、工夫論──等必須滿足嚴格傳達的條件，則是顯而易見的。此嚴格傳達要言之，即「邏輯解析、語言分析」。

〔註17〕 勞思光使用「道德心」或「德性我」這個詞語時，有「文化之大本」與「文化個體性」兩種涵義。以「理論設準」為例，「自我境界」與「世界觀」這兩個問題設準中的「道德心」屬「文化個體性」，至於「道德心境域」問題設準中的「道德心」則屬「文化之大本」。嚴格地講，若該設準的「道德心」只具「文化個體性」或「重德精神」，則「眾多主體並立境域」中「求真」活動所涉及的「傳達性」問題，便無法經由此設準來說明。換言之，無論求善、求真與求美，此「求」須預認主體「向上」意願的活動，也就是「文化之大本」。參閱本論文第三章，〈勞思光的主體性觀念所衍伸理論設準〉，頁 45，註 14。

〔註18〕 勞思光著，《新編中國哲學史》（三上），頁 5 至 6 云：「王陽明之學既代表宋明儒學之高峰，故『王學』所現出之缺陷，實亦即儒學本身之內在問題。此問題就根源處說，即是『道德心』對『認知心』之壓縮問題。倘就文化生活一層面說，則是：智性活動化為德性意識之附屬品因而失去其獨立性之問題。至其具體表現則為：知識技術發展遲滯，政治制度不能進展，人類在客觀世

講，便是對「眾多主體並立境域」的忽視。

政治層的「客觀化」問題是勞思光對儒家引導型哲學中「轉化世界」的省思，知識層的「傳達性」問題則是勞思光對儒家引導型哲學中「轉化自我」的省思，無論如何，兩者皆屬於「價值完成」問題。接著再逆溯至「價值根源」問題，即勞思光對儒家心性論哲學中「透顯主體性」的省思，此涉及「價值根源於主體性」的論證問題，就儒學內部範圍而言，心性論之所以比宇宙論、形上學具理論效力，除了符合價值完成的「精神方向」之要求外，尚有價值根源的「主客之辨」，故他認為以「活動」釋價值比以「存有」釋價值更具理論效力，但拋開客體存有，純就主體活動來講，由心性論來透顯主體性的進路是否較佳？對此，勞思光認為心性論進路也同樣忽視了「傳達性」問題，他說：

> 「心性論」之特色，原在於道德主體性之透顯。但「主體性」觀念與常識距離甚遠。人在經驗意識層面思考觀察時，常不能悟見此主體性。倘欲建立一明確理論以透顯主體性，則此處第一關鍵即在於「最高自由」之肯定；而「最高自由」一觀念顯然與經驗界之條件系列直接衝突；因此，欲肯定「最高自由」，又必須先區分「經驗」與「超經驗」兩境域。建立此種理論區分，雖有種種思路可循，皆非可輕易完成者。陽明之思路，以在當前人之自覺活動中透顯「應然意識」為起點，此自與孟子思路最近，亦與象山「本心」觀念相近。此種思路，就體驗反省一面說，雖易使人有親切感；但對自我留駐於經驗層面者，則缺乏思辯（非「思辨」）上之強力論證，由之對此處種種常見之誤解或混亂觀念，殊欠澄清之功能。若不輔以一套較嚴格之語言，處處清理所涉觀念，則此種思路即易被誤解、誤用而喪失本來面目。此可說是心性論一型之儒學——陸王上承孟子一系之思路——之內在問題。……乃建構理論即傳達方面之問題。〔註19〕

凡欲由「主體性」觀念來建立理論時，第一步的肯定乃「最高自由」，但此自由非被決定者，故須跳脫條件系列，而從「人的雙重性」論證來看，「自我本身」有向上與向下兩種可能，可能的根據即經驗的限制與超經驗的主宰，故如何衝

界中控制力日見衰退。」另參閱勞思光著，《自由、民主與文化創生》，頁218至227。與前註合看，這裡的「道德心」乃「文化個體性」或「重德精神」。

〔註19〕勞思光著，《新編中國哲學史》（三上），頁468至469。

破經驗層的限制，乃「如何透顯主體性」的問題，即「自我」如何跳脫條件系列、如何不被經驗層決定。就心性論而言，它是使「轉化」自我與世界成爲可能的哲學理論，故「價值根源」或「德性如何可能」的問題，是心性論的第一步問題，雖在結論上是證明「價值根源於主體性」，但此進路是當下直顯、當下肯定「最高自由」，並未區分經驗與超經驗這兩個境域，該區分須由認知活動著手，但如上所述，儒學向來忽視了認知活動這一塊，故雖然心性論在勞思光眼中於「價值根源」方面的理論效力高於宇宙論、形上學，但這並不表示他因而肯定心性論對於「價值根源於主體性」的論證是妥當的，他區分幾種論證「價值根源於主體性」的途徑，順此表明自身的文化哲學立場：

> 主體性之透出究竟有些甚麼可能途徑呢？又以哪一途徑爲最好呢？
> 我想可能有的途徑至少有四條：第一是由內外交磨之過程，由心之
> 主宰與行爲之求正相互磨鍊，以達成主體性之透顯。這是純走實踐
> 理性的路，也就是儒學的正統大路。……第二是由情意我著手破物
> 感破物相，由一純粹之捨離以顯主體性，此是佛教之路。第三是先
> 立一超越外在之神，顯爲絕對主體，再將自己投入神中，即所謂由
> 信神而見神。由此以漸顯絕對主體性，此是希伯來精神，即基督教
> 之路。第四則是由智性主體以通至德性主體，由知識心之反省以顯
> 道德心，由此循理性理解感性等主體能力以展現絕對主體性。這是
> 我所謂「窮智見德」的路，在西方有一人行之，即伊曼紐爾‧康德。
> 在這四條路中，我以爲康德之路最穩妥，因爲人當未悟達絕對主體
> 性時，自覺心皆鎖在關係界中，而康德之路即由知識心之反省著手，
> 這樣人人可走，有階梯可循，而且可以極確定地前進（康德本人的
> 知識論中在論證上的毛病不影響此路之「可以確定」。）〔註20〕

就「文化精神問題的設準」而言，第一條路爲中國重德精神透顯主體性的進路，第二條路則爲印度重德精神透顯主體性的進路。這兩條皆爲「心性論」

〔註20〕勞思光著，《文化問題論集新編》，頁206至207，《思光學術論著新編》（七），共13卷，香港：中文大學出版社，2000年。勞思光著，《新編中國哲學史》（三上），頁361云：「言『心即理』時，則基本上所強調者爲規範義之『理』；至於規律義之『理』亦應以『心』爲根源，……蓋此即涉及知識論之解析工作，非中國傳統儒學中所有者也。」頁377亦云：「歐洲哲學以反省之思辯建立『主體性』觀念，尚有階梯可循。中國既乏思辯，則『心性論』或肯定『主體性』之哲學，不得不待才高者爲之。此所以象山之學必待陽明完成也。」

進路，但內涵不同，這可由精神方向的「儒佛之辨」來理解；第三條路為希伯來重信精神透顯主體性的進路，但該精神並未產生哲學理論，故可稱為「宗教教義」進路；第四條路則為希臘重智精神透顯主體性的進路，此為「知識論」進路。而勞思光認為第四條進路對「價值根源於主體性」的論證最穩妥，因其以認知層為起點，故能處理傳達性問題；由此上達至道德層，與儒學「價值根源於主體性」的心性論與「價值完成正當秩序」的引導型接軌，故能處理客觀化問題，因在建立秩序的過程中，是以「眾多主體並立境域」為原則，故道德層的「主體」與「主體」間可先經由認知層來作知識傳達的活動（因制度不能沒有知識的內容），〔註21〕由此共同創造形式來化成自然世界，進至文化世界。此為勞思光早期文化哲學對「如何建立世界文化體系」問題的觀點，至於中晚期的看法，本論文不涉及。

第三節　勞思光主體性觀念下的儒家思想之原型

　　儒家「心性論」與「引導型」特殊內容的「合一」如何可能？嚴格地講，即「哲學定義」問題的儒家「心性論」，與「哲學功能」問題的儒家「引導型」，兩者的「合一」究何所指？因若不顧及哲學「定義」與「功能」兩個問題特性的不同，硬是要把兩者「合一」，並且稱之為「原型」，必會陷入拼湊材料的弊病。要言之，分別從哲學「定義」與「功能」問題來探究儒家心性論與引導型哲學的特殊內容後，不問「合一如何可能」的問題，就直接說「兩者的合一」為「原型」，其內涵必為「材料的拼湊」，畢竟將兩種不同特性的問題給混為一談的情況，在理論建構上是應該要避免的。由此可見，將儒家心性論與引導型哲學的特殊內容給「合一」，這似乎畫蛇添足。但發現「拼湊材

〔註21〕勞思光著，《哲學與政治》，頁 25 至 26 云：「制度是人類對於超個人事務的一種安排（arrangement concerning the affairs beyond individual）。任何安排必為一套知識所決定，由此而有一定內容，又必以主體的意願貫串其中，由此而得一定方向。安排所能涉及的對象個個對應於所依據之知識對象。所以，沒有主體的決定過程的機械反應不是安排；僅有主體純粹自覺的境界也不是安排；前者沒有意願的方向，後者沒有知識的內容；而安排必須是意願與知識的配合。羣體的習慣也非嚴格意義的制度，因無清晰的知識決定過程。制度是安排的一種，它的特性是涉及超個人事務，因此與對於個人事務的安排相異。」《思光少作集》（三），共七卷，臺北市：時報文化出版企業有限公司，中華民國 75 年 10 月 31 日初版。

料」的弊病後,若就此決定不把兩者「合一」,又將使得「儒家思想之原型」無法成立。因「不合一」的後果,理論上必會造成兩種不同意義的「原型」,即分別對應哲學「定義」與「功能」的儒家「心性論」與「引導型」這兩種原型。既然將兩者「合一」有一困難,將兩者「不合一」另有困難,則「儒家思想之原型」似乎是無法成立的。

對此,可能的解決途徑,就是承認「勞思光主體性觀念」下的儒學,可以有哲學「定義」與「功能」這兩種原型,一個是「儒家心性論哲學的特殊內容」,另一個則是「儒家引導型哲學的特殊內容」。這樣一來,既然有兩個意義下的「原型」,則「儒家思想之原型」的題目勢必作修改,例如「從勞思光的主體性觀念探究儒家思想的兩個原型」之類,但從原型的意義來看,當理論範圍只限於「一家之言」時,兩個原型的理論成果是不應出現的。至此,可以發現從「材料」層面來談「兩者合一如何可能」的問題,將面臨理論建構方面的困難。

然而,從「材料」來談「合一」是一回事,從「思路」來談「合一」又是另一回事。換言之,既然「材料」方面的「合一」已不可能,那「思路」方面的「合一」是否可能呢?對此,筆者的答案是肯定的。

如何從「思路」層面將儒家「心性論」與「引導型」特殊內容「合一」?此須從「理論設準」來重新思考前兩章的內容架構。儒家引導型哲學的特殊內容,是從「自我境界」與「世界觀」這兩個問題設準而得;至於儒家心性論哲學的特殊內容,則是從「儒家引導型哲學的特殊內容」與「價值根源問題的設準」而得,至於「文化精神問題的設準」,則為這兩章所共同涉及者。

從「文化精神問題的設準」來看這兩章的差別,則儒家引導型哲學的特殊內容,乃先經由東方重德與西方重智文化精神的比較問題,確立引導型哲學的普遍內容,接著配合「自我境界」與「世界觀」問題的設準後,再通過儒釋道三家精神特性比較問題而得;至於儒家心性論哲學的特殊內容,乃先經由中國與印度重德文化精神的比較問題,確立前者「價值完成正當秩序」的精神方向,然後配合儒釋道三家精神特性的比較確立「儒佛之辨」,與將心性論、宇宙論、形上學於「價值根源」並列為思路確立「主客之辨」後,再通過儒學史發展、演變與理論效力判定問題而得。至此,可看出「文化精神問題的設準」於此兩章內部的理論脈絡,那就是引導型哲學的「普遍」與「特殊」。由引導型哲學的普遍義,可得知「轉化自我」與「轉化世界」兩者,由

引導型哲學的特殊義，則可得知儒家「化成世界」或「價值完成正當秩序」的精神方向，然而儒學也有涉及「轉化自我」或「價值完成自我超昇」的問題，這是經由勞思光對文化「全程」與「半程」的分判觀點所得。

必須注意的是，引導型哲學普遍內容中的轉化自我與轉化世界，皆屬於「價值完成」問題，而非屬於「價值根源」問題。對此，前章已提到勞思光「凡根源不明，談完成過程即全無意義」的觀點，故必須找出同時涉及價值「根源」與「完成」兩者的哲學理論，該理論即「心性論」哲學。明確地講，勞思光使用的「心性論」，雜有「工夫論」成份。他對「心性論」的界定，即哲學功能的「實踐中道德人格的完成」，與哲學定義的「自覺自我的眞相」兩者，〔註22〕故「心性論」既可涉及「價值根源」（自覺自我的眞相）問題，也可涉及「價值完成」（實踐中道德人格的完成）問題。然而，「心性論」雖同時涉及這兩個問題，但並不妨礙我們可將價值「根源」與「完成」分開。因「價值」問題是勞思光非常重視的，該問題是理解其哲學立場的關鍵，〔註23〕故有「價值根源問題的設準」。根源確立後，即可談完成過程，故「價值根源於主體性」可歸於「心性論」，至於「價值完成自我超昇」，則可歸於「工夫論」。這是儒家「引導型」與「心性論」的銜接處。易言之，就「思路」來看，則是「由價值根源至完成」歸於「心性論」，於內部再將「價值完成」抽取出來歸於「工夫論」。至此，儒家「心性論」與「引導型」兩者的「合一」便成爲可能。

但這裡須涉及進一步的問題：「心性論」與引導型中轉化自我的「工夫論」，雖可在「由價值根源至完成」的思路上「合一」，但此「合一」能否符合勞思光眼中的儒學精神方向？換言之，心性論內部確實包含轉化自我的工夫論，但心性論是否也包含儒學「轉化世界」的精神方向？因引導型哲學中的「轉化自我」與「轉化世界」，明顯是兩個不同領域或層次的問題，不可混

〔註22〕 參閱本論文第一章，〈導論〉，頁3，註6。吳有能著，《百家出入心無礙——勞思光教授》，頁113云：「所謂『性』是就本質言，而所謂『心』則就其能動性或自覺性言，道德心自我要求實踐，它有自動性（spontaneity）所以心性論不能沒有實踐論的一面，究其實，這是肇因於心性論本身是涉及轉化生命的一種學問，而這亦是中西哲學精神之異趣。當然，這裏所謂實踐，並不是指可以把理論運用到經驗生活的層面而言，而主要是指外在行爲之軌約與內心意志之磨鍊，簡言之，即自我的轉化，……就是所謂的『工夫』。所以心性論與工夫論相即而不相離也。」臺北市：文史哲出版社，中華民國88年4月初版。

〔註23〕 參閱勞思光著，《哲學淺說新編》，頁 xi。《思光學術論著新編》（四），共 13卷，香港：中文大學出版社，2000 年 1 版 2 刷。

爲一談（否則勞思光對「儒釋道三家精神特性的比較」觀點無法成立）。也就是說，若儒家心性論可同時包含上述兩者，則「儒家思想之原型」就能成立；但若儒家心性論只能包含轉化自我，而不能包含轉化世界，則「儒家思想之原型」就不能成立。進而言之，若心性論只能包含轉化自我，且又必須符合「精神方向」的要求，則似乎只能談「佛家思想之原型」，根本不能談「儒家思想之原型」，這是因佛家心性論只包含轉化自我，至於轉化世界則不涉及，〔註24〕故兩者「合一」的可能性比儒學高。若不涉及轉化世界，就直接將儒家心性論與引導型中的轉化自我「合一」，則此「合一」後的「儒家思想之原型」，將無法符合勞思光對儒家「價值完成正當秩序」或「化成世界」的精神方向之判定，這是不言而喻的。

　　至此，我們必須另尋他途，即勞思光如何從哲學理論來解讀與判定《論語》、《孟子》這兩部儒學的代表典籍。也就是說，這兩部經典在他眼中是否同中有異？就相同處而言，我們已知道將這兩部經典合看乃「心性論中心哲學」，那相異處又是如何呢？勞思光說：

> 孔子立人文之學，德性之學，其最大特色在於將道德生活之根源收歸於一「自覺心」中，顯現「主體自由」，另一面又由「仁、義、禮」三觀念構成一體系，使價值意識由當前意念，直通往生活秩序或制度，於是有「主體自由之客觀化」。有此兩步肯定，於是義命分立，原始信仰之陰霾一掃而空，而人之主宰性及其限制性，亦同時顯出。就規模而論，孔子之學確是一宏大貫徹之文化哲學。但就純哲學問題說，則此一切肯定能否成立，必視一基本問題能否解決，此即「自覺心」或「主宰力」如何證立之問題。……此是孔子遺留之第一重要問題。……孔子由仁、義、禮等觀念，推繹而生出「正名」之主張，此點固涉及一般生活中之價值標準，但亦特別涉及其政治思想之原則。就孔子對政治生活之主張說，秩序之建立是第一義，爲建立秩序故須正名定分，此是順說，自無困難。但孔子對秩序之保證力——即國家之權力——問題，則未詳加討論。雖說「君君，臣臣」，是各定一理分；但如「君不君」時，政權是否應作轉移？轉移之形式如何？孔子皆未提解答。……政權轉移問題，乃孔子學說中所遺留之第二問題。此二問題，前者屬於純哲學範圍，後者則屬於政治

〔註24〕參閱本論文第四章，〈儒家引導型哲學的特殊內容〉，頁77至75，註28。

思想範圍。……後起者如能解答此二問題，又不違孔子精神方向，
則即自客觀意義上爲代表此一思想主流者。此人爲誰？即孟子是。
孟子日後有「心性論」之建立，證立主體性或道德心，又有明確政
治理論，決定政權之轉移。〔註25〕

他旨在說明孔子的工作主要是確立中國重德文化或儒學的精神方向，即「價
值完成正當秩序」，該方向產生的哲學理論就是「文化哲學」，故也可以說，
凡涉及「轉化世界」問題的哲學理論，就是「文化哲學」，其理論基礎爲「價
值根源於主體性」，只不過在孔子這裡只是個觀念而已，故他遺留了「透顯主
體性」與「政權轉移」問題，這兩個問題須留待孟子建立的「心性論」予以
解決，而孔子建立的「文化哲學」，則收攝在「心性論」內一併處理。故孔孟
學說的差異，主要就是以有否建立「心性論」爲標準。合而言之，孔子學說
爲「價值完成正當秩序」（轉化世界）的「文化哲學」；孟子學說則爲「價值
根源於主體性」（透顯主體性）的「心性論」（雜有「價值完成自我超昇」—
—轉化自我——的「工夫論」），由此進路來處理「價值完成正當秩序」（轉化
世界）的問題。至此，我們有理由地說，勞思光主體性觀念下的「儒家思想
之原型」是可以證成的。

　　但證成的依據仍須嚴格決定。也就是說，所謂「心性論對文化哲學問題的
處理」究何所指？從「由價值根源至完成」的思路來看，有兩種可能的途徑：
　　第一：「心性論」只需確立「價值根源於主體性」即可，並由此來處理「價

─────────────

〔註25〕勞思光著，《新編中國哲學史》（一），頁 150 至 151。有關「義命分立」，頁
　　　134 至 135 云：「孔子之立場，此立場是先區分『義』與『命』，對『自覺主宰』
　　　與『客觀限制』同時承認，各自劃定其領域；然後就主宰性以立價值標準與
　　　文化理念，只將一切客觀限制視爲質料條件。既不須崇拜一虛立之超越主宰，
　　　亦不須以事實代價值，或以自然代自覺；而此一主宰亦不須求超離。於是，
　　　即在『命』中顯『義』，成爲此一精神方向之主要特色。從超越主宰者，是神
　　　權主義；從自然事實者，是物化主義；持超離之論者表捨離精神。孔子則不
　　　奉神權，不落物化，不求捨離，只以自覺主宰在自然事實上建立秩序，此所
　　　以爲『人文主義』。」對照「文化精神問題的設準」，此處可明顯地看出這是
　　　勞思光文化哲學立場下的詮釋，此乃「《中國哲學史》是勞思光文化哲學立場
　　　的作品」之旁證，由此更能得出勞思光眼中的儒學精神方向，乃「價值完成
　　　正當秩序」。另外，勞思光認爲孔子「仁、義、禮」三觀念的文化哲學理論「應
　　　該」涉及「主體自由之客觀化」問題，但孔子「事實」上並未涉及此問題，
　　　故他說整個傳統儒學遺落此問題，皆只集中在「主體自由之證立」問題。故
　　　整個傳統儒學的最高成就乃轉化自我的「工夫論」，至於轉化世界的「文化哲
　　　學」之成就則是停滯不前。

值完成正當秩序」（轉化世界）的「文化哲學」的問題。

第二：「心性論」不僅是要先確立「價值根源於主體性」，同時還要先處
理「價值完成自我超昇」（轉化自我）的「工夫論」問題，等前兩
個部份解決以後，才能進一步處理「價值完成正當秩序」（轉化世
界）的「文化哲學」問題。

此是從「思路」來談「合一如何可能」所須面對者，就第一點來說，則「儒
家思想之原型」將無法成立，因又必須面臨兩種原型的困難。對此，「儒家思想
之原型」應只能由第二點來成立，〔註26〕由文化活動的「全程」與「半程」來
看，則勞思光主體性觀念下的「儒家思想之原型」，只能擇取第二種途徑。

然而，就勞思光文化哲學立場而言，第二種途徑是否恰當？擴大地講，
既然勞思光認為孟子「價值根源於主體性」的「心性論」，不需要以「價值根
源於客體性」的「宇宙論」、「形上學」作為基礎，那持文化哲學立場的他，
是否認為「價值完成正當秩序」的「文化哲學」，必須以「價值完成自我超昇」
的「工夫論」作為基礎呢？也就是說，勞思光是否認為就算取第一種途徑來
談「價值完成正當秩序」（轉化世界）的「文化哲學」問題，中間不需多出「價
值完成自我超昇」（轉化自我）的「工夫論」這一塊，只需扣緊「價值根源於
主體性」的「心性論」來處理「客觀化」問題也是可行的？若是可行的，則
這樣的「儒學」還是「儒學」嗎？〔註27〕若是不可行的，則這樣的「儒學」
還能在今日的世界圈裡發揮「化成世界」（處理「客觀化」問題）方面的影響

〔註26〕先秦孔子的「文化哲學」（轉化世界），與孟子的「心性論」（雜有「工夫論」
成份）的萌芽期，宋明陸王的「心性論」（雜有「工夫論」成份）的成熟期，
三者合而言之，即「狹義儒家思想原型」。至於孟子與陸王的異同問題，本論
文不涉及，且不涉及也不影響本論文「儒家思想之原型」的成立與否，因三
者的哲學模型皆是在「心性論」與「引導型」哲學的範圍內，並未脫離「勞
思光的主體性觀念」。

〔註27〕勞思光著，《危機世界與新希望世紀──再論當代哲學與文化》，頁 7 云：「若
我們用一個比較嚴格的態度從事哲學思考，就很容易會發問一個基本的問題。
就『新儒學』來講，儘管是『新』，但必須仍然是『儒學』。究竟要『新』到什
麼程度，仍不妨礙它是儒學？換句話說，要做到甚麼程度還可保存原來的東
西，這問題其實不易答覆。有人說儒學只有內聖，缺乏外王，也就是缺乏黑格
爾（Hegel）所謂的客觀精神。可是，缺乏客觀精神就是儒學本來的特性；若儒
學開出了客觀精神後，是否還是儒學呢？這個問題也不是很容易答覆的。你可
以說這是儒學的發展，但發展卻多出了新的東西。若多了新東西影響到其特性
的話，那就不是原來的樣子了。這是儒學向 moral universal〔道德的普遍項〕方
向退，因此是在理論上出現了變數。若是這樣的話，為甚麼還是儒學呢？」

力嗎？若無這方面的影響力，則這樣的「儒學」還能對今日的世界有所貢獻嗎？〔註28〕這些問題皆超出本論文僅止於證成「儒家思想之原型」的範圍。筆者只是順此點明當代儒學研究者在處理儒家思想如何與現代世界哲學與文化接軌時所必須面臨的難題。若我們還要繼續照著傳統儒學的思路來走，則不得不在「轉化世界」處面臨「客觀化」的難題，在「轉化自我」處面臨「傳達性」的難題。當代儒學研究應如何妥善處理這兩個問題？這是值得三思的。

〔註28〕同上，頁 126 云：「我確信中國哲學的基本旨趣，不在於思辯，而在於實踐。說得更明確些，中國哲學是以『自我境界』為主題的引導性的哲學。當然，正好像藝術雖不是知識，我們仍可以對藝術建立知識；我們仍可以對非思辯性的中國哲學進行理性思辯。不過，我們卻不能拋開本來的旨趣去談說中國哲學。不論是儒家的『成德之學』，或先秦道家的『無為』與『逍遙』之說，都指向自我境界的上升。所以從心性論看儒學，方顯出儒學的精彩處；從超離世界的大明智慧看道家，方顯出道家的精彩處。在這一層面上，我的希望是中國哲學的研究要在這種核心部分著力。從社會實踐的層面看，我們必須看清楚我們所處的現代世界的面貌；適足地了解現代性，方能在這個已存在的現代世界中對於哲學文化的發展，有所作為。這一層面的問題，道家可以淡然視之，儒家或新儒學必須慎思明辨。最後，就理論工作本身講，理論的精確性或嚴格性本身是一個共同標準，從事中國哲學研究的學人應該明白這種基本條件的普通意義，不可用題材的特殊性為藉口而走入自我封閉的狀態，只以常識性的思考自足自限。」與前註合看，傳統儒學以「轉化自我」為基礎來處理「轉化世界」問題的過程中，之所以遺落了「客觀化」問題，是因其特性（雜有「工夫論」成份的心性論哲學）衍伸功能的侷限所致，該侷限要言之，即將政治秩序等同於道德秩序時必然忽視「眾多主體並立境域」。但如勞思光所言，現代儒學研究若要把「客觀化」問題收攝至傳統儒學內部來處理，如此被改造後的儒學，還能保有其特性（衍伸的「轉化自我」功能）嗎？也就是說，傳統儒學的「化成世界」是以「自我超昇」為基礎，以現代世界哲學的眼光來看，以「建立秩序」為基本方向的儒學，確實因忽略了「客觀化」問題而有缺陷。但筆者認為就是有了這個「缺陷」，儒學才能真正突顯其特性與功能，因儒學是通過對個人道德生活實踐中意志升降問題的處理來建立道德秩序，並等同於政治秩序來創生文化世界。此種無「公共事務」（客觀化）內容的文化世界確實有「缺陷」，但反過來說，若我們只注重「公共（政治）事務」發展而忽略「個人（道德）事務」發展，由此創生出來的文化世界，不也是有「缺陷」？也就是說，一個完整的文化世界應包含這兩種成份，缺一不可，而注重以「自我超昇」為「化成世界」基礎的儒學，應能在現代世界裡的社會實踐層面肩負「轉化自我」的功能，則是顯而易見的。總之，雖然傳統儒學因其特性而無法處理「客觀化」問題，但它應能對只涉及「公共政治事務」而忽視「個人道德事務」內容的文化世界有一定的補足作用。只是我們應該如何表述此只針對主體內在意志升降的「個人道德事務」呢？則對「傳達性」問題的重視，也就是對理論的精確性與嚴格性之要求，是絕對不能忽視的。對此，可參閱本論文第四章，〈儒家引導型哲學的特殊內容〉，頁 63 至 64，註 9。

第七章 結 論

　　本論文的研究目的就是提供學術界對於「如何理解勞思光儒學觀」的一個具體建議，即「理論設準研究法」的提出，此法雖是作為銜接「勞思光主體性觀念」與「儒家思想原型」兩大主題間的橋梁，但該研究方法出現的背景，究其實，是筆者思考「研究哲學家」的途徑問題而提出者。也就是說，某一哲學家思考哲學或哲學史問題所留下的理論成果形成某一「材料」，後來的研究者應如何對之作系統性的理論建構？筆者在此層面作思考，得出的結論是，必須在研讀該哲學家已留下的所有著作之過程中，設法找出這些著作背後共通的「思路」所在，該思路的具體化即「理論設準」，接著與研究題材相對應，例如筆者以「儒家思想之原型」為主題，則在該範圍下便能選取幾個理論設準作為建構此原型的進路。

　　然而，雖然勞思光在使用「理論設準」時，強調這是「澄清或整理問題的方法」，但我們可以在研讀其著作中得知，他使用理論設準來解析相關文獻的內容包含其自身的哲學見解與立場，最明顯的例子就是「價值根源問題的設準」，從澄清或整理問題的方法來看，我們得知所謂價值根源不外乎客體性與主體性這兩大類；但從勞思光自身的哲學見解與立場來看，他認為價值根源只能歸於主體性而非客體性。如〈導論〉所言，我們必須預認「提方法者的主觀」，至於勞思光的「主觀」便是他肯定「主體性」觀念，除了以該觀念作為中國哲學的特性之外，也將該觀念作為展示儒家哲學理論的基礎，這便是我們熟知的「心性論中心哲學的詮釋架構」。對此，我們必須將「理論設準」與「勞思光的主體性觀念」合看，也就是說，所謂「勞思光主體性觀念衍伸的理論設準」本就包含「澄清或整理問題」與「哲學見解與立場」這兩種成

份，若只涉及前者，我們當然可以觸及儒學中以客體性觀念為中心的「宇宙論、形上學」部門；但若涉及後者，則勞思光何以持這樣的見解與立場？此則非「理論設準」本身所能充足解釋了。

雖然我們可以從「價值根源問題的設準」得知其肯定以主體性觀念為中心的心性論哲學立場，但這樣的理解是不夠完備的。因「心性論」只不過是哲學部門之一，它只能幫助我們掌握儒學的「特性」為何，而不能幫助我們掌握儒學的「功能」為何，故勞思光詮釋儒學所持的哲學見解與立場，雖在表面上肯定「心性論」哲學，但該肯定的背後是以「引導型」哲學作為基礎。對此，若不涉及儒學的「功能」這一面，導致對勞思光儒學觀「只掌握一半」，則是顯而易見的。

從本論文開頭提出「從哲學領域來看，儒學是什麼？」的問題意識來看，各個研究者當然可以對此問題有許多不同層面的處理方式，這就涉及如何研究的方法問題。就勞思光而言，他是以「心性論」哲學作為詮釋進路，來解析傳統儒家思想，研究成果即學界所熟知的代表作《中國哲學史》，但據筆者的觀察，學界對勞思光建構的儒學觀之檢討與批評，基本上皆不脫離此書。不脫離的後果，便衍伸出學界何以至今仍然沒有掌握勞思光以「引導型」來解釋儒學的另一面？主要原因就是選取研究「材料」所導致。也就是說，學界在檢討與批評勞思光的儒學觀時只以其《中國哲學史》作為唯一的「材料」時，會出現兩種情況：一來是該書的內容從頭到尾皆未出現「引導型」哲學這個名詞，二來是學界只討論該書而不去研讀勞思光的其它相關著作，自然就不會去注意「引導型」哲學，故最後必會造成筆者所言「只掌握一半」的後果。

對此，或許有人會說：「既然勞思光的《中國哲學史》中並未出現『引導型』哲學這個名詞，則該名詞與『心性論』哲學是無關的。既然這兩者無關，則我們檢討與批評其儒學觀的理論範圍，是針對其《中國哲學史》中的『心性論』哲學。換言之，在選取『材料』所能涉及理論範圍的限制下，『引導型』哲學這部份根本無法討論，故無所謂『只掌握一半』的問題，因該問題必須是以『研讀勞思光詮釋儒學的所有著作』之前提下才會出現的。」誠然，此回應並非悖理，因「材料」的取捨是以研究者處理問題所涉範圍來決定的，故當我們只以勞思光的《中國哲學史》作為「材料」時，該書既然未出現「引導型」哲學這個名詞，則討論焦點便只能放在「心性論」哲學這個名詞。

但必須注意的是，勞思光的《中國哲學史》中有否出現「引導型」哲學

的「名詞」是一回事，勞思光的《中國哲學史》中有否出現「引導型」哲學的「內容」又是另一回事。從本論文第四章〈儒家引導型哲學的特殊內容〉來看，該內容是經由「轉化自我」與「轉化世界」，配合「自我境界」與「世界觀」這兩個問題設準來探究勞思光對「儒釋道三家精神特性的比較」觀點而得者；另從本論文第五章〈儒家心性論哲學的特殊內容〉來看，該內容是經由儒學「轉化世界」的精神方向配合「價值根源」的問題設準來探究勞思光對「儒家心性論與宇宙論、形上學的理論效力判定」觀點而得者。此中涉及的主要「材料」就是《中國哲學史》，顯然該書確實有出現上述內容，故我們可以說該書沒有出現「引導型」的名詞，但不可以說該書沒有出現「引導型」的內容，此內容的關鍵名詞就是「轉化」觀念。就此而言，學界對勞思光《中國哲學史》中建構的儒學觀「只掌握一半」的實義就是：他們未能掌握勞思光肯定儒家「心性論」背後是以儒家「引導型」哲學的特殊內容作為根據的。故對其儒學觀的檢討與批評，似乎就只能涉及「價值根源」的「主客之辨」問題，而未能涉及「價值完成」的「精神方向」問題，後者才是勞思光思考儒學內部各種哲學理論效力高低之判定原則。

將上述「理論設準研究法」作為理解勞思光儒學觀的第一個具體建議，這裡筆者要提出的第二個具體建議是，我們必須扣緊他一生致力的基源問題：「如何建立世界文化體系？」該問題決定他詮釋儒學理論背後所持的立場與態度，故須先掌握的是其「基源問題研究法」中「文化精神」的「問」與「哲學理論」的「答」，換言之，「哲學理論」是「文化精神」的產物，對應本論文的研究方法，筆者嘗試提出「文化精神問題的設準」來澄清或整理勞思光對「文化精神」問題的思考成果，他將該成果運用於儒學研究，則儒學作為中國重德文化精神的代表者，即「價值完成正當秩序」，此乃勞思光對孔孟原旨或儒學精神方向的判準，至於「心性論」哲學則是該方向下的產物。故就此而言，若只從「心性論」哲學來檢討與批評勞思光的儒學觀，確實是不得要領的，因他之所以肯定儒家「心性論」哲學，主要是以其文化哲學立場衍伸的「引導型」哲學作為根據。明確地講，在研究哲學家的途徑之過程中，同情的了解應先於檢討與批評，如本論文第二章〈勞思光的主體性觀念之釐清〉所言，「體同」應先於「辨異」。對此，經由前面各章的析論，本論文應確實達到對勞思光儒學觀「體同」的要求，故提出「理論設準研究法」供學術界參考。

　　接著要談的是本論文提供給學術界對勞思光儒學觀的新的研究成果爲何？該成果要言之，即廣、狹義的「儒家思想原型」，但就前章〈儒家思想之原型的證成〉而言，「狹義儒家思想原型」雖是本論文題旨下的理論成果，但眞正能稱之爲「新」的研究成果，應屬「廣義儒家思想原型」。要言之，筆者嘗試將勞思光《中國哲學史》中的「兩漢儒學」時期收攝至「儒家哲學史發展與演變」問題內，目的是避免對儒學史的研究只有「部份」而無「整體」之後果，故扣緊「發展」觀念，對應「文化精神」與「哲學理論」則可有兩種意義的發展史觀，其中兩漢儒學時期便可在「哲學理論」的發展觀中予以明確定位，該定位要言之，即先確立無論何種時期的儒學，皆未脫離其引導型哲學中「價值完成正當秩序」或「轉化世界」的精神方向，否則這樣的「儒學」就不能稱作「儒學」，接著從價值根源問題的「主客之辨」出發，則先秦孔孟心性論萌芽、兩漢董仲舒純粹宇宙論退化、宋明周張半形上學半宇宙論進展、程朱純粹形上學進展、陸王心性論完成，加起來共有五階段，此五階段合而言之，即「廣義儒家思想之原型」的要旨。若不確立此要旨，則「狹義儒家思想原型」便無從談起。

　　嚴格地講，若只扣緊價值根源的「主客之辨」，則無法理解勞思光何以認爲陸王心性論在理論效力方面高於周張天道觀、程朱本性論。此非「哲學理論」發展觀所能解釋，則是顯而易見的，故須另從「文化精神」發展觀，掌握勞思光的文化哲學立場，從價值完成問題的「儒佛之辨」出發，則由「價值根源於客體性」的周張天道觀、程朱本性論，至「價值根源於主體性」的陸王心性論，是一種逐漸走向儒家引導型哲學中「價值完成正當秩序」或「轉化世界」精神方向的要求之過程，最後將「心性論」與「引導型」兩者合一，即「狹義儒家思想原型」的要旨，這是本論文的理論成果，但建構該成果前必須涉及「廣義儒家思想原型」。也就是說，兩個原型同中有異處，是「文化精神」與「哲學理論」發展觀的不同；異中有同處，則是皆預認儒學「人文化成」精神方向的相同。故本論文在建構勞思光主體性觀念的「狹義儒家思想原型」前，先嘗試建構包含勞思光主體性與客體性觀念的「廣義儒家思想原型」供學術界參考，以期能對他的《中國哲學史》裡的儒學史觀有較爲整體的把握，不僅只限定在宋明儒學的「一系三階段說」。

　　最後要談的是，勞思光以其文化哲學立場建構的儒學觀對於中國哲學研究之重要貢獻爲何？該貢獻要言之，即「哲學定義」與「哲學功能」問題的

明確劃分，該劃分背後主要是涉及二十世紀中國哲學研究者必須面對的問題，即「中國哲學的特性爲何？」對此問題，勞思光早期是先嘗試從「哲學定義」問題下手，以「實指定義法」代替「本質定義法」，找出過去世界各大文化精神涉及哪些哲學題材，這些各個不同的哲學題材便能產生各個不同的哲學部門，最後將這些部門合起來，作爲哲學的「總名」，在這之中的「心性論」，便可作爲中國與印度文化精神特有的哲學部門，該部門以「主體性」觀念爲中心，這便是勞思光所言中國哲學的特性。然而，這只能涉及「中西哲學特性有何不同」的比較問題，而不能涉及「中西哲學如何對話」的溝通問題。若我們只從「哲學定義」問題來思考中西哲學如何對話的溝通問題，則可能的結果便是找出中西雙方共有的哲學部門，該部門要言之，即「宇宙論、形上學」。至此，所謂溝通活動皆只能在這兩個部門內進行，如此對話的過程中，是否還能突顯中國哲學的特性呢？這是值得商榷的。要言之，雙方皆涉及共同的哲學部門是一回事，雙方涉及共同的哲學部門背後所依的精神方向爲何又是另一回事，而後者觸及的是題材之特殊性，若不顧及彼此涉及題材的不同，而只就哲學部門來看，則雙方溝通活動的結果，必導致對「特性」問題的忽視。以「儒佛之辨」爲例，我們不能因雙方皆涉及「心性論」部門而說雙方是可溝通的，因背後所依的精神方向大異其趣，故只能作比較而非溝通。勞思光晚期便跳開這個框架，從「哲學功能」問題下手，嘗試找出中西哲學互相溝通的可能，由此得出兩大哲學功能：「認知型」與「引導型」，也就是對過去已出現的哲學部門作一功能上的劃分，使中西哲學雙方能在較普遍的平臺上了解彼此要做的究竟是什麼，故彼此涉及的題材雖不同，但不同題材要做的事情卻不外乎這兩大型，這使得溝通成爲可能，此是勞思光對中國哲學的重要貢獻。

參考書目

（本論文只列舉註解中出現的參考書）

一、勞思光的專書：

1. 勞思光著，《新編中國哲學史》（一），共三卷四冊，臺北市：三民書局股份有限公司，2008 年 10 月重印 3 版 5 刷。

2. 勞思光著，《新編中國哲學史》（二），同上，臺北市：三民書局股份有限公司，2007 年 1 月重印 3 版 4 刷。

3. 勞思光著，《新編中國哲學史》（三上），同上，臺北市：三民書局股份有限公司，2007 年 1 月重印 3 版 4 刷。

4. 勞思光著，《新編中國哲學史》（三下），同上，臺北市：三民書局股份有限公司，2006 年 5 月重印 2 版 3 刷。

5. 勞思光著，《儒學精神與世界文化路向》，《思光少作集》（一），共七卷，臺北市：時報文化出版企業有限公司，中華民國 75 年 10 月 31 日初版。

6. 勞思光著，《哲學與歷史》，《思光少作集》（二），同上，臺北市：時報文化出版企業有限公司，中華民國 75 年 10 月 31 日初版。

7. 勞思光著，《哲學與政治》，《思光少作集》（三），同上，臺北市：時報文化出版企業有限公司，中華民國 75 年 10 月 31 日初版。

8. 勞思光著，《知己與知彼》（時論甲集），《思光少作集》（四），同上，臺北市：時報文化出版企業有限公司，中華民國 75 年 10 月 31 日初版。

9. 勞思光著，《遠慮與近憂》（時論乙集），《思光少作集》（五），同上，臺北市：時報文化出版企業有限公司，中華民國 75 年 10 月 31 日初版。

10. 勞思光著，《西方思想淺談》，《思光少作集》（六），同上，臺北市：時報文化出版企業有限公司，中華民國 76 年 11 月 30 日初版。

11. 勞思光著，《書簡與雜記》，《思光少作集》（七），同上，臺北市：時報文化出版企業有限公司，中華民國 76 年 12 月 1 日初版。

12. 勞思光著,《中國文化要義新編》,《思光學術論著新編》(一),共十三卷,香港:中文大學出版社,2002 年 1 版 3 刷。

13. 勞思光著,《存在主義哲學新編》,《思光學術論著新編》(二),同上,香港:中文大學出版社,2001 年修訂版。

14. 勞思光著,《思想方法五講新編》,《思光學術論著新編》(三),同上,香港:中文大學出版社,2005 年修訂版 2 刷。

15. 勞思光著,《哲學淺說新編》,《思光學術論著新編》(四),同上,香港:中文大學出版社,2000 年 1 版 2 刷。

16. 勞思光著,《歷史之懲罰新編》,《思光學術論著新編》(五),同上,香港:中文大學出版社,2001 年 1 版 2 刷。

17. 勞思光著,《中國之路向新編》,《思光學術論著新編》(六),同上,香港:中文大學出版社,2001 年 1 版 2 刷。

18. 勞思光著,《文化問題論集新編》,《思光學術論著新編》(七),同上,香港:中文大學出版社,2000 年。

19. 勞思光著,《大學中庸譯註新編》,《思光學術論著新編》(八),同上,香港:中文大學出版社,2001 年 1 版 2 刷。

20. 勞思光著,《康德知識論要義新編》,《思光學術論著新編》(九),同上,香港:中文大學出版社,2001 年。

21. 勞思光著,《哲學問題源流論》,《思光學術論著新編》(十),同上,香港:中文大學出版社,2001 年。

22. 勞思光著,《自由、民主與文化創生》,《思光學術論著新編》(十一),同上,香港:中文大學出版社,2001 年 1 版。

23. 勞思光著,《思光人物論集》,《思光學術論著新編》(十二),同上,香港:中文大學出版社,2001 年。

24. 勞思光著,《文化哲學講演錄》,《思光學術新著之一》,香港:中文大學出版社,2002 年。

25. 勞思光著,《虛境與希望——論當代哲學與文化》,同上之二,香港:中文大學出版社,2003 年。

26. 勞思光著,《危機世界與新希望世紀——再論當代哲學與文化》,同上之三,香港:中文大學出版社,2007 年。

27. 勞思光著,《中國文化路向問題的新檢討》,臺北市:東大圖書股份有限公司,中華民國 82 年 2 月初版。

28. 勞思光著,《思辯錄——思光近作集》,臺北市:東大圖書股份有限公司,2003 年 1 月初版 2 刷。

29. 勞思光著,《思光時論集》,臺北市:允晨文化實業股份有限公司,中華民國 78 年 12 月初版。

二、其他學人的專書與學術論文：

1. 華梵大學哲學系主編，《「勞思光思想與中國哲學世界化」學術研討會論文集》，臺北市，行政院文化建設委員會，2002 年 12 月初版 1 刷。

2. 劉國英、張燦輝合編，《無涯理境──勞思光先生的學問與思想》，香港：中文大學出版社，2003 年。

3. 華梵大學哲學系編印，《第十二屆儒佛會通暨文化哲學學術研討會──「文化哲學的理論與實踐」》，會議時間：2009 年 3 月 28、29 日。

4. 劉國英、伍至學、林碧玲合編，《萬戶千門任卷舒──勞思光先生八十華誕祝壽論文集》，香港：中文大學出版社，2010 年。

5. 《鵝湖學誌》第十二期，東方人文學術研究基金會·中國哲學研究中心，1994 年 6 月。

6. 吳有能著，《百家出入心無礙──勞思光教授》，臺北市：文史哲出版社，中華民國 88 年 4 月初版。

7. 牟宗三著，《中國哲學的特質》，《牟宗三先生全集》(28)，共三十二卷，臺北市：聯合報系文化基金會，2003 年 4 月初版。

8. 馮耀明著，《中國哲學的方法論問題》，臺北市：允晨文化實業股份有限公司，中華民國 78 年 9 月初版。